全国高等职业院校报关与国际货运专业系列教材
全国职业院校报关技能大赛备赛参考书
全国报关职业教育教学指导委员会推荐教材

院校主编◎ 章艳华 张援越
企业主编◎ 焦晓宁 张延伟

报关综合实训

(第四版)

BAOGUAN ZONGHE SHIXUN (DI-SI BAN)

院校企业联合编写 | 报关大赛成果转化
精选企业一线案例 | 提供丰富增值服务

中国海关出版社

图书在版编目（CIP）数据

报关综合实训/章艳华等主编．—4版．—北京：
中国海关出版社，2017.7
ISBN 978-7-5175-0213-5

Ⅰ.①报…　Ⅱ.①章…　Ⅲ.①进出口贸易—海关手续—中国—
高等职业教育—教材　Ⅳ.①F752.5

中国版本图书馆CIP数据核字（2017）第139620号

报关综合实训（第四版）

BAOGUAN ZONGHE SHIXUN（DI-SI BAN）

责任编辑：史　娜
助理编辑：衣尚书
出版发行：中国海关出版社
社　　址：北京市朝阳区东四环南路甲1号　　邮政编码：100023
网　　址：www.hgcbs.com.cn；www.hgbookvip.com
编 辑 部：01065194242-7538（电话）　　01065194231（传真）
发 行 部：01065194221/4238/4246（电话）　　01065194233（传真）
社办书店：01065195616（电话）　　01065195127（传真）
www.customskb.com/book（网址）
印　　刷：北京铭成印刷有限公司　　经　　销：新华书店
开　　本：787mm×1092mm　1/16
印　　张：14.75　　字　　数：340千字
版　　次：2017年7月第4版
印　　次：2017年7月第1次印刷
书　　号：ISBN　978-7-5175-0213-5
定　　价：42.00元

序

“全国高等职业院校报关与国际货运专业系列教材”由报关职业院校和报关企业的相关专家联合编写，从内容到形式上，既贴近行业实际，又符合教学规律。本套教材作为“全国职业院校报关技能大赛备赛参考书”，结合大赛实际，不断吸取各方意见，不断优化，将大赛成果融入书中。本套教材包含大量由一线业务高手提供的具有代表性的、贴近业务和实际的真实案例，同时还提供了丰富的习题训练以辅助老师教学，帮助学生学习。

本套教材自2011年首次出版至今，得到了众多职业院校的广泛好评。根据行业知识的更新程度，编委会组织对本套教材进行了修订工作，将高等职业教育与现代报关职业的最新要求紧密结合，将“互联网+”的思维全程融入教材，使教材内容兼备了系统性、专业性和可操作性。

高职院校是报关后备人才的重要培养基地。抓好后备人才培养，有利于行业的发展。在此，也希望参与系列教材建设的各方专家，再接再厉，把握行业发展新动态，对接报关职业新标准，体现教材编写新形态，把本次再版工作做好，为职业院校提供更好的精品教材。

中国报关协会副会长

全国报关职业教育教学指导委员会主任委员

2017年5月

《报关综合实训》编写组

院校主编：

章艳华　淮安信息职业技术学院
张援越　天津商务职业学院

企业主编：

焦晓宁　天津津通报关股份有限公司
张延伟　广州市昊链信息科技股份有限公司

参　编：

赵加平　天津商务职业学院国际物流学院
肖　譞　天津环渤海国际物流有限公司
汪　洋　淮安信息职业技术学院
刘庆珠　天津商务职业学院
栗华卿　天津越洋报关有限公司
张鸿琨　嘉里大通（天津）有限公司
陈　斯　天津津通报关股份有限公司
刘　芳　天津商务职业学院
翟　超　天津环渤海国际物流有限公司
牛淑梅　伟创力电子制造（天津）有限公司
张路畅　天津津通报关股份有限公司
史成全　天津振华报关有限公司

前　言

报关与国际货运专业有着“服务线长、专业面广、工作环节多”的特点，对从业人员的综合能力要求非常高。报关综合实训课程是报关与国际货运专业、国际经济与贸易专业、物流管理及相关专业的核心课程。现行的报关综合实训教材品类较少且案例相对陈旧，不能满足行业岗位综合能力训练的需求。

为满足行业高端技能型报关人才培养的需求，全国报关职业教育教学指导委员会经过充分调研，搜集了大量的企业综合业务案例，组织院校、行业、企业的专家团队进行了此次修订，以服务于专业实践教学，服务于全国职业院校报关技能大赛备赛和训练，提升学生的报关综合实训技能与职业素质为具体目标。

1. 本教材由行业协会权威统编，院校、行业协会、行业主管部门和企业四方参与编写，历经两届大赛锤炼。

本教材自 2010 年首次出版以来，在 2011 年和 2012 年全国职业院校报关技能大赛中均为指定用书。经过 24 位专家组成员把关、30 余名海关关员审核、20 余家参与企业验证、91 所备赛院校使用，吸纳 500 余条建议，本教材日臻完善。

本教材的编写团队由中报协遴选双师型教师、全国优秀报关企业上海欣海报关有限公司经理组成，体现了校、政、行、企的深度整合。院校主编具有企业实践经历，企业主编拥有教学经验，海关专家负责审定教材的编写大纲、体例和内容，确保教材内容符合行业、企业的需求。

2. 教材内容设计与职业等级、职业资格认证和技能大赛“三对接”，符合学生的认知规律，有助于提升学习效率。

本教材对接《报关员国家职业标准（试行）》中助理报关师的职业功能，对接报关员资格考试重难点，对接全国职业院校报关技能赛项团体赛的竞赛规则。本教材中实训项目的设计以《报关服务作业规范》为依据，突出岗位核心技能要求，加强对学生职业素养的训练，为学生胜任职业岗位和今后的职业发展奠定基础。

本教材参照报关技能赛项团体赛模式，注重角色分工和团队配合，将企业业务案例转化为实训项目和竞赛内容，实现赛、训融通，以赛代训，让学生在竞赛中提升实践技能和职业素养。

本教材的内容设计符合学生的认知规律，由浅入深，由专项到综合，不断提升学生技能水平。其中，实训项目按照海关大厅和报关企业的真实工作情境设计，选取全国优秀报关企业天津津通报关股份有限公司的真实工作案例，按照实际工作和大赛的要求布置实训（竞赛）场地，开展仿真训练。实训内容按照竞赛模式进行设计，既涵盖核心专项技能训练，又包括综合技能训练，分层递进，实现学生的专业技能的螺旋式提升。

3. 丰富的教学辅助资源，满足学生多层次的自主学习需求。

本教材依托中国海关出版社增值服务网，依据企业报关业务岗位工作流程，以学生/学员为中心，开发七大板块共30余个辅助资源栏目，开发工作现场视频及相应的案例库、教学企业学堂、模拟企业学堂、企业学堂、名师讲堂等多种形式的数字化配套教学资源，大幅提升教材的实用性与针对性，激发学生的学习欲望，优化学生的学习效果。参与此次教材修订的淮安信息职业技术学院、北京劳动保障职业学院、天津商务职业学院等院校，在报关与国际货运专业、国际经济与贸易专业、物流管理等专业中使用了该教材，收到良好的教学效果，并分别在2012年至2016年的全国职业院校报关技能大赛中获得过团体赛一等奖。

编　者

2017年6月

目　录

概述　训练规程及说明

项目一　商品归类

项目二　报关单填制

项目三　报关单改错

项目四　现场操作

概述　训练规程及说明

GAISHU XUNLIAN GUICHENG JI SHUOMING

第一节　训练规程

一、训练目标

通过现场仿真操作，展示学生的进出口报关单证处理、进出口商品归类、进出口通关现场操作等报关作业实践应用能力和职业素养。

二、训练内容

根据《报关员国家职业标准（试行）》《报关服务作业规范》《报关服务质量要求》和报关行业发展趋势，基于企业的典型工作任务，参照岗位核心技能，训练重点考查学生的实践操作能力与职业素养表现，训练内容包括：

（一）进出口商品归类

1. 训练内容：
（1）归类工具应用；
（2）归类依据运用；
（3）归类要素分析；
（4）商品编码确定。
2. 本环节训练内容包含多项任务，学生自行决定完成顺序。

（二）进出口报关单证处理

根据“委托企业”（训练题）的要求及海关监管需要，完成该项作业。
1. 训练内容：
（1）报关单证整理；
（2）报关单证填制及 QP 录入；
（3）报关单证复核与电子申报；
（4）报关单证改错。
2. 本环节训练内容包含多项任务，学生自行决定完成任务和完成顺序。
3. 本项训练任务所涉及的海关监管方式的范围包括所有海关监管方式。

（三）进出口通关现场操作

1. 训练内容：
（1）根据“委托企业”（训练题）的要求及海关监管需要，完成对应的通关现场操作；
（2）提供检验检疫、国际货运代理等增值服务。
2. 如学生操作不按照“委托企业”（训练题）的要求进行作业，不得分也不扣分，耗费的时间也不从训练时间中扣除。

3. 如学生在作业窗口提交的单证多于监管要求数量时，现场裁判不予退还；如学生在作业窗口提交的单证不足某作业窗口所需单证时，则现场裁判将不受理。

4. 本环节训练内容包含多项任务，学生自行决定任务顺序。

5. 通关现场操作涉及的海关监管方式限定在：一般贸易（0110）、进料对口（0615）、进料深加工（0654）、合资合作设备（2025）、外资设备物品（2225）、暂时进出货物（2600）。

通关现场操作还涉及退关货物手续办理、报关单修改与撤销手续办理。

三、训练方式建议

（一）本训练以小组为单位，每个小组由 3 名学生组成。

（二）训练场地设“报关企业办公区”3 个、“委托企业办公区”1 个和“海关监管现场”1 个。

“报关企业办公区”，为每个小组配置 3 台电脑。

“委托企业办公区”和“海关监管现场”，为每名裁判员配置 1 台电脑。

四、训练流程

根据训练任务要求，训练时间安排如下：

（一）商品归类作业，训练时限 60 分钟；

（二）报关单证处理与通关现场操作，训练时限 90 分钟。

五、训练题目

（一）“进出口报关单证处理”题目

学生根据“企业”提供的业务背景和训练要求，筛选训练任务所需的报关单证并在 QP 系统上填制相关栏目。

每栏目填对，得 1 分；填错或漏填，不得分。

1. 进口报关单填制主要栏目

（1）运输方式

（2）运输工具名称

（3）集装箱号

（4）监管方式

（5）征免性质

（6）集装箱规格

（7）境内目的地

（8）成交方式

（9）保费

（10）随附单证代码

（11）随附单证编码

（12）规格型号

(13) 成交单位
(14) 币制
(15) 用途
(16) 征免
(17) 原产地
(18) 法定单位
(19) 装货港
(20) 备案号
(21) 起运国(地区)
(22) 运费
(23) 件数
(24) 成交数量
(25) 法定数量

2. 出口报关单填制主要栏目

(1) 备案号
(2) 运输方式
(3) 运输工具名称
(4) 监管方式
(5) 征免性质
(6) 集装箱号
(7) 集装箱规格
(8) 运抵国(地区)
(9) 卸货港
(10) 成交方式
(11) 运费
(12) 件数
(13) 保费
(14) 毛重
(15) 包装种类
(16) 随附单证代码
(17) 随附单证编码
(18) 规格型号
(19) 成交数量
(20) 成交单位
(21) 币制
(22) 法定数量
(23) 法定单位
(24) 目的地
(25) 征免

3. **报关单证处理涉及单据**

（1）办理一般进出口货物报关所需单证；

（2）办理加工贸易货物报关所需单证；

（3）办理特定减免税货物报关所需单证；

（4）办理暂时进出境货物报关所需单证。

（二）“进出口现场通关作业”题目

各小组根据“企业”提供的业务背景和相关随附单证，办理对应的报关作业。每个任务操作正确得相应分数，操作不正确或未处理不得分。

1. **现场作业涉及单据**

（1）办理一般进出口报关所需单证；

（2）办理加工贸易备案手续所需单证；

（3）办理加工贸易保证金台账手续所需单证；

（4）办理加工贸易核销手续所需单证；

（5）办理深加工结转手续所需单证；

（6）办理特定减免税证明手续所需单证；

（7）办理暂时进出境手续所需单证；

（8）办理退关货物手续所需单证；

（9）办理报关单修改与撤销手续所需单证。

2. **现场作业涵盖的作业内容**

学生根据训练任务要求，完成下列训练任务：

（1）筛选业务所需的报关单证；

（2）获取海关监管单证，获取与检验检疫相关的单证，获取与提取及装载货物有关的单证；

（3）提交纸质单证；

（4）办理报关单修改、撤销手续；

（5）配合海关对“布控”货物进行查验；

（6）办理进出口税费缴纳手续；

（7）办理进出口货物海关审结后的放行手续；

（8）办理加工贸易企业海关联网监管手续；

（9）办理加工贸易合同备案、备案变更、备案延期手续；

（10）办理货物退关手续；

（11）办理加工贸易深加工结转手续；

（12）办理加工贸易合同核销手续；

（13）办理特定减免税货物的减免税申请手续；

（14）办理暂时进出境货物的核准申请、销案手续；

（15）对报关过程中出现的异常情况进行应急处理。

3. **重要提示**

（1）训练任务及相关单证全部来自企业一线。为保护提供单据企业的商业机密，部分单证的数据已经被删除或修改，但不影响训练。

（2）本训练环节仅为考核业务流程，除训练指令明确要求或现场裁判要求填写外，学生不必填写单据内容。

（3）学生在作业窗口提交的单证多于监管要求数量，则现场裁判不予退还。请学生在提交单证前，确认单证是否准确，否则会影响后续训练进程。

六、训练环境建议

训练场地按照海关监管现场和企业实际场景布置。

训练场地包括海关监管区域、委托企业办公区域和报关企业办公区域等。

七、技术规范

（一）《报关服务作业规范》（HS/T 32-2010）

（二）《报关服务质量要求》（HS/T 38-2013）

（三）《报关员国家职业标准（试行）》（X2-06-05-01）

八、训练平台建议

表 1-1

序号	比赛设备和技术平台	相关参数
1	学生计算机	CPU：酷睿 I3 双核 3.0 以上；内存：4G 以上；硬盘：100G 以上；网卡：百兆网卡；操作系统：Microsoft Windows7 操作系统，Office 2010，Internet Explorer8.0、Firefox 浏览器，预装 QQ 拼音、五笔字形、微软拼音、搜狗拼音等中文输入法和英文输入法，屏蔽 usb 等外接存储设备接口。
2	网络连接设备	提供网络布线、交换机。
3	训练服务器	CPU：2 颗 Quad Core（四核）2.0G 以上；内存：4GB 以上；硬盘：300G 以上；网卡：千兆网卡；操作系统：Windows 2008 Server Enterprise，安装 IIS 7.0 以上；数据库：Microsoft SQL Server 2005 企业版。
4	现场作业区域	设置训练席位 60 个及备用席位 10 个，每个席位能满足 3 名学生同时进行操作。包括：企业办公区标识、隔离板、电脑、打印机、训练工具书等。设置若干个通关作业窗口，包括：作业窗口功能标识、电脑、IC 识别卡、隔离带等。 整个现场配置无盲点录像设备，实时录制和显示赛场内训练情况。
5	训练工具书	1.《中华人民共和国海关进出口商品规范申报目录》（报关单证处理及现场通关作业使用） 2.《进出口税则对照使用手册》（报关单证处理及现场通关作业使用） 3.《进出口商品编码查询手册》（商品归类） 上述工具书均由中国海关出版社出版。

表1-1　续

序号	比赛设备和技术平台	相关参数
6	训练软件	建议使用全国职业院校技能大赛（高职组）“报关技能赛项”的“报关技能训练系统”，包括北京智欣联创科技有限公司的“商品归类技术平台”“现场通关作业平台”，以及广州市东洋科技有限公司的“报关单证处理作业技术平台”。

九、成绩评定

（一）评分标准

评分标准依照海关现行监管法规、行业作业规范及报关员国家职业标准而定。

（二）成绩产生方法

练习训练题采取客观题目方式，由训练平台自动进行评定，避免出现人为因素造成分数误差。

1. 进出口商品归类

各小组 3 名选手同时独立操作，每名选手分值 100 分；3 名选手实际得分的平均分为各小组该项训练得分；该项训练得分占总成绩的比例为 30%。

2. 报关单证处理

各小组 2 名选手配合操作，分值 100 分；2 名选手的实际得分为各小组该项训练得分；该项训练得分占总成绩的比例为 50%。

3. 通关现场操作

各小组 1 名选手独立操作，分值 100 分；该选手的实际得分为各小组该项训练得分；该项训练得分占总成绩的比例为 20%。

4. 上述三项训练得分乘以对应的比例后相加之和，为各小组最终总成绩。

5. 上述各项成绩均保留小数点后 4 位。

（三）评分细则

表 1-2

序号	得分描述
一、下列任务，每正确一次得 0.5 分	
1	进出口标志
2	进出口岸标志
3	装货港或目的港标志
4	运输工具及代码标志
5	提单或运单号标志
6	运输方式

表1-2 续1

序号	得分描述
7	企业性质
8	经营单位编号
9	收发货人地区
10	申报单位名称标志
11	合同号
12	征税比例
13	起运地
14	贸易方式
15	集装箱个数标志
16	统计逻辑检查标志
17	征税逻辑检查标志
18	征免税性质标志
19	成交方式
20	结汇方式
21	运费
22	杂费
23	保险费
24	件数数量
25	毛重数量
26	净重数量
27	包装种类标志
28	许可证编号
29	海关监管的其他证件代码
30	合同手册备案号
31	减免税表备案号
32	许可证备案号
33	批文号
34	进出口日期
35	申报日期
36	商品项数
37	电子账册成品版本号
38	抵押金

表1-2　续2

序号	得分描述
39	商品序号
40	商品编号
41	商品名称、规格型号
42	原产地与消费地
43	商品任务序号
44	申报数量
45	申报计量单位
46	申报数量与法定数量关系
47	法定数量
48	第二数量
49	申报单价审核标志
50	成交币制
51	成交总价
52	用途标志
二、下列项目，每正确一次得相应分数	
53	商品编码 0.5 分，归类依据 0.5 分，归类要素分析 0.5 分，其他（如选择、填空、连线等）0.5 分。
54	报关单改正错误一处 1 分。
55	报关单证复核操作 1 分。
56	现场作业（如报备、报核、现场交单、配合查验、缴纳税费、国际货运、检验检疫、现场放行等）中单个作业窗口操作 2 分。

第二节 训练项目及任务说明

一、进出口货品归类

（一）近似货品归类训练

根据商品描述，填写税则号列。

（二）归类要素辨析训练

根据商品描述，辨析各货品归类要素，并填写税则号列。

二、报关单证处理

（一）报关单证整理

1. 负责制单的学生作答5题。
2. 负责复核的学生作答5题。

（二）申报要素分析

负责制单的学生作答6题。

（三）报关单填制

负责制单的学生作答6题。

（四）报关单复核（改错）

负责复核的学生作答6题。

（五）报关单复核

负责复核的学生作答6题（复核报关单填制内容）。

三、现场作业

共5题，其中包括平台推演、现场作业。

四、现场作业窗口设置

表 1–3

序号	窗口名称
1	加工贸易备案
2	特定减免税备案
3	特定减免税审批
4	现场接单
5	保证金/保函
6	删改单
7	海关查验（预约）
8	海关查验（验货）
9	账册核销
10	东莞海关（异地海关）
11	检验检疫
12	中国银行
13	委托企业
14	查验堆场
15	港口货物管理
16	船舶代理
17	航空代理
18	商务厅（委）

项目一 商品归类

XIANGMU YI SHANGPIN GUILEI

任务一 近似货品归类训练

表 2-1

序号	商品类别名称	商品描述	税则号列
1	机织物	纯棉牛仔布（四线经面粗斜纹色织物，240 克/平方米，幅宽为 1.5 米）。	
		漂白平纹机织布，按重量计含棉 30%、亚麻 30%、涤纶短纤 40%（120 克/平方米，幅宽 1.5 米）。	
		印花机织割绒的灯芯绒，绒面按重量计含棉 50%、含涤纶短纤维 50%（幅宽 1.5 米，每平方米重 250 克）。	
2	家用纺织品	涤棉混纺印花机织物制床罩，按重量计棉与涤各占织物总重量的 50%。	
		腈纶短纤维无纺织物制桌布，裁切成正方形的（40 克/平方米；表层涂布塑料，塑料厚度不足织物厚度的 1/2）。	
		雨衣，表层涂布橡胶（肉眼可辨）的涤纶短纤维机织物（280 克/平方米）制。	
		家用电热毯。	
3	车及零部件	小轿车用铝合金轮毂。	
		特种车用电磁离合器。	
		货运机动车用人字形胎面充气橡胶轮胎（新）。	
		卡车发动机用钢螺母。	
		车用尾气氧含量检测仪。	
		小轿车用自动变速器液泵滤油器。	
		摩托车用气缸火花塞。	
		小轿车用铝制汽油发动机的气缸盖。	
		电视转播车。	
		单人用双轮电动平衡车。	
4	灯	手提式巡夜灯，装有 10 瓦 LED 灯珠，电池可充电，照明时长 8 小时，充电时长 12 小时。	
		庭院太阳能灯，用于花园庭院夜间照明，通过套在插入地面的下柱来固定该装置。	
		电子蜡烛灯，采用 5 号电池作为能源，顶部为蜡烛火焰形状的 LED 灯泡，下方为白色蜡烛形状的主体结构，采用 PP 塑料壳体，控制开关和干电池装在壳体内，壳体底部使用蜡封闭，并预留插孔。当使用者向下按压 LED 灯泡则控制开关导通，LED 灯泡发出模拟蜡烛火焰的闪烁式灯光，再次按压 LED 灯泡则控制开关关断，灯光熄灭。常用于宗教场合，如唱诗、弥撒，可以手持，也可安放在烛台上代替蜡烛使用。	
		城市道路交通指挥信号灯。	

表2-1　续1

序号	商品类别名称	商品描述	税则号列
5	诊断或实验用试剂	柠檬酸、氢氧化钠、氯化氢混合溶液，用途为实验用缓冲液。	
		氢氧化钾水溶液，用途为实验用缓冲液。	
		革兰氏阴性细菌鉴定卡，有衬背，与微生物分析系统配套使用得到具体细菌鉴定结果。	
		纯化试剂盒，内含聚乙二醇单辛基苯基醚、三羟甲基氨基甲烷、重组肠激酶、S-蛋白琼脂糖、缓冲液和水。	
		血型试剂。	
6	3D 打印机	加工对象为纸浆。	
		加工对象为塑料。	
		加工对象可为多种材质。	
7	塑料橡胶制品	改性聚丙烯，该商品为黑色颗粒，具体成分：聚丙烯 80%（丙烯单体 100%），滑石粉 19.5%，炭黑 0.5%。商品通过物理方法提高刚性，改善其耐热性和提高光泽度，并添加了炭黑调色。	
		车用减震气囊，材质为硫化橡胶，其工作原理是在车辆行驶时，阀门通过控制安装在前后桥上的气囊的进气和出气使车身保持水平，减少车辆的震动，提高乘坐的舒适性。	
		成卷塑料糊墙品（表层为印有图案的聚氨酯塑料、衬底为涤纶无纺布；宽 45 厘米）。	
		泡沫聚氨酯板，该商品为塑料板状物，规格：460 毫米×250 毫米×25 毫米。共 3 层：第一层是固化聚氨酯，第二层是泡沫聚氨酯（最厚），第三层黑色突起状的是尼龙丝。该商品为高温浇筑粘连并挤压成型，用于铺设在铁轨下减震。	
		机动车刹车系统皮碗，由硫化橡胶（非硬质橡胶）制成，基部直径为 36.5 毫米，顶部直径为 38.0 毫米，厚度为 8.0 毫米。用作车轮刹车系统中的垫圈以防止液体泄漏。	
8	蔬果	新鲜的大白菜。	
		听装洋葱粉。	
		榴莲，去壳后切成块并冷藏。	
		干的生甜杏仁（1000 克；纸袋装）。	

表2-1 续2

序号	商品类别名称	商品描述	税则号列
9	模块	功率模块，包含一个金属氧化物半导体场效应管和一个控制及保护场效应管的单片集成电路，上述部件经分别制造后平放在铜引线框架上，通过金属引线连接，由塑料树脂封装。该模块作为一个线性调节器，以相关输入电压为基准，保持和调节输出电压。典型的应用包括用于电池充电器及适配器、移动电话、个人数字助理（PDAs）、带有固态非易失存储器的装置（如 MP3 播放器）、显示器、自动数据处理设备等。	
		射频模块，射频模块是手机的主要部件，由控制器、低噪声放大器、变频器和双工器等组成。该部件既可将手机内部信号进行放大、变频、调制转换为射频信号，又可进行信号的逆变换。	
10	货架	规格为长 2500 毫米×宽 1000 毫米×高 3000 毫米，材质是铁制。货架的四个脚有固定螺栓，货架有便于安装定位的定位销、安全销及安装螺栓。货架经过选材、切割、成型、打磨、焊接、抛光、喷漆、喷上光剂、安装调试、装箱等一系列工艺制作完成。该产品主要用于大型物流仓库储存堆放货物用。	
		材质为钢铁制，主要用于商场、超市展示和存放货物，规格为长 1000 毫米 ×宽 500 毫米 ×高 2100 毫米，可以根据客户要求进行定制。加工工艺为对铁板、铁管、铁线进行剪、折弯、冲压、焊接，并对表面进行静电喷涂处理。为出口时节省运输包装成本，产品可以自由组装。很多小的部件，所有的结合处都有相关的接口卡件，单独不能使用。主要结构件包括立柱、支撑脚、背板、支架、层板等。	
11	医疗用品	B 超体检用皮肤涂覆剂，为人体进行 B 超检查时使用，零售包装，膏状，使用时需涂覆在身体检查部位的皮肤表面，用作躯体和医疗器械之间的耦合剂。	
		一次性毯，由双层无纺布制成，一面有塑料涂层，层叠后在边缘处高温热封。其一端开口并装配一个喷嘴，借助加热设备可由此充入温暖的空气。专用于预防和治疗住院病人体温降低。	
		外科解剖刀，由不锈钢制成。	
12	石膏	石膏绷带，医用，用于固定骨折崩裂等患处，由熟石膏、纱布、涤纶制成，石膏涂层。	
		固定夹板，人体受伤后用，起到固定防护作用，由石膏制成。	
		石膏线条，家居装潢用，没有经过装饰，但经加强。	
		“沉默是金”抽象工艺品雕塑原件，由石膏制成，个人装饰用。	

表2-1　续3

序号	商品类别名称	商品描述	税则号列
13	钉	钢铁制的平头钉，带铜头。	
		条状订书钉，钢铁制，办公室用。	
		方头螺钉，钢铁制。	
		管形铆钉，不锈钢制，用于提包。	
14	脚踏车	装有辅助发动机的脚踏车。	
		儿童脚踏车，供小孩乘骑。	
		仅适用于游乐场使用的脚踏车。	
		三轮脚踏车，运货用。	
15	胶	阿拉伯胶，主要成分为高分子多糖及其钙、镁和钾盐，是食品工业中用途最广及用量最大的水溶胶。	
		果胶，可用于果酱、果冻的制造；防止糕点硬化；改进干酪质量；制造果汁粉等。	
		明胶，是一种水溶蛋白物质，药用的，零售包装。	
		得力牌胶水，黏合纸张，瓶装的，其中醋酸盐 20%、乙烯聚合物 80%。	
16	膏	牙科用的熟石膏。	
		鞣制皮革用的鞣料浸膏。	
		医用橡皮膏，已经药物浸涂，由基质、辅料和药物组合而成。	
		牙齿清洁用的牙膏，零售包装。	
17	黏土	胶态黏土与酸经过活化处理，并烘干磨粉的活性黏土。	
		粉碎黏土与其他耐火材料的煅烧混合物制成的耐火黏土。	
		煅烧黏土与亚硫酸盐废液的混合物制成的膨胀黏土。	
		混入氧化铁的黏土，通常用作颜料。	
18	甘油	纯度在 95%以下的粗甘油。	
		纯度在 95%以上的精甘油，作为牙膏的重要润湿剂。	
		制成药品的零售包装的医用甘油。	
		加有香水的甘油。	
19	鱼	非食用的鱼杂碎。	
		红烧的整条罗非鱼。	
		鱼汤。	
		饲料用红鱼粉，含有粗蛋白 68%，脂肪 10%，盐和砂各占 5%，其他 12%。	

表2-1 续4

序号	商品类别名称	商品描述	税则号列
20	青梅	新鲜的青梅。	
		盐水泡制的青梅。	
		烹煮的青梅果酱，每罐350克。	
		青梅酒，酒精浓度为0.3%，由青梅、米酒和冰糖发酵而成，每瓶500毫升。	
21	豆	干制脱荚的豌豆，非种用。	
		豌豆粉。	
		种用的白羽扇豆。	
		已磨粉的刺槐豆，用于制作果酱果冻和奶油干酪，可与琼脂复配，有显著提高凝胶破裂强度的作用。	
22	锯	美高乐熊出没大“电锯”。	
		弓形手工木锯，优质铝合金+高硬度钢管+天然橡胶+塑料，对金属材料进行加工。	
		本身带发动机的手工锯。	
		乐锯。	
23	肠线	制成乐器弦的肠线。	
		制成钓鱼线的仿肠线。	
		外科用的无菌肠线。	
		羊肠线，由羊肠的细条经过搓捻制成，用于制球拍。	
24	茶	铁观音，一种半发酵的茶，包装每件净重4千克。	
		马黛茶，用于泡制仅含少量咖啡的饮料。	
		薄荷茶，一种草本植物的“茶”，用于消化肠胃，干制装于小袋中。	
		人参茶，一种掺乳糖或葡萄糖的人参精混合品，用人参的新鲜果实，经科学方法提取浓缩精制而成。	
25	传动带	硫化橡胶制的传送带，用于物料的运输，带状，经纺织材料加强，规格为4.2米×0.5米。	
		纺织材料制的传送带，100%涤纶，厚度为3.7毫米。	
		塑料制传动带，机床用，起传动作用，塑料制。	
		再生皮革制传送带，风机传动用。	

表2-1　续5

序号	商品类别名称	商品描述	税则号列
26	调节空气设备	空气加热器，集中供暖用，非电热，钢铁制，装有风扇。	
		空气调节器，壁式安装，独立式。	
		电气空间加热器，家庭取暖用，碳晶分子运动产热。	
		蒸发式空气冷却器，废气涡轮增压器用，起降温、冷却作用。	
27	陶瓷	大卫头像，陶制，家庭装饰用。	
		刷牙杯，盥洗室用，玻璃陶瓷制。	
		防热套，金属陶瓷制。	
		陶瓷制砂轮，磨光专用，未装支架。	
28	玻璃	试衣间用玻璃镜，未镶边框，也未经光学加工。	
		玻璃喷雾瓶，用于盛装香水。	
		玻璃制钟壳。	
		玻璃制吊灯，照明用。	
29	废纸篓	学校用的废纸篓，塑料制的。	
		纯手工制作的竹藤篮筐。	
		钢铁丝经锻造制成的非工业用的纸篓。	
		铜丝经锻造制成的家用的纸篓。	
30	刀	男式用的电动剃须刀。	
		合金钢制的割草用的单手操作的镰刀。	
		军用的刺刀。	
		不锈钢制的切菜刀。	
31	纸	吸墨纸，用化学木浆制成，未经涂布，纸质松软，吸水性强，条状定量为 200 克/平方米。	
		彩票。	
		油纸伞，属于一种工艺长柄伞，外形精美。	
		烫金箔，由 PET 基片（无色透明薄箔）与转印层组成，用于商品包装。	
		药物浸渍制成的零售包装供医疗使用的纤维素絮纸，药用。	
		肥皂浸渍、涂布的纤维素絮纸，洗手用。	
		用光洁剂浸渍的纸，车用。	
		经涂布的油印蜡纸，包裹东西，用于防潮。	

表2-1 续6

序号	商品类别名称	商品描述	税则号列
32	电池	太阳能电池，额定功率450瓦~750瓦。	
		炉用碳电池。	
		废电池。	
		热电偶，用于温度测量仪表中的测温元件。	
33	面筋类产品	面筋，已干制。	
		碳烤面筋，零售包装，每袋26克。	
		作纺织工业上光料用的面筋。	
		作胶用的面筋，零售包装每件1千克。	
34	芥子及制品	低芥子酸油菜子，种用。	
		芥子油，初榨，未经化学改性。	
		芥子油渣饼，从芥子提取芥子油后所剩的产品。	
		芥子精油，食品工业中用于调制食品香精使用，化学加工。	
35	链条	摩托车专用防滑链，由钢铁制成。	
		铜制链条，服装装饰用，模压制。	
		链条，装有锯片，用于伐木。	
		项链，不锈钢制，未电镀贵金属。	
36	钢铁管子	不锈钢焊接管，天然气管道用，外径275毫米，壁厚4毫米，截面形状：圆形。	
		不锈钢制软管。	
		不锈钢导管，内衬绝缘材料，用于穿电线电缆及绝缘保护电线电缆。	
		不锈钢制排气管，摩托车专用。	
37	发生器	只需装上灯头即可组成灯具的乙炔发生器。	
		专供X射线设备用的发生器。	
		输出信号频率在1500兆赫兹以上的通用信号发生器。	
		钰鑫牌的煤气发生器。	
38	糊墙品	将塑料牢固地附在纺织物的衬背上的胶粘糊墙品。	
		以塑料涂覆的纸质糊墙品。	
		用纸衬背的铝箔糊墙品。	
		以纺织材料作面，固定在一衬背上或在背面进行涂布的糊墙品。	

表2–1　续7

序号	商品类别名称	商品描述	税则号列
39	杯子	聚乙烯制的啤酒杯。	
		骨瓷制的餐用的杯子。	
		玻璃陶瓷制的供餐桌用的杯子。	
		不锈钢制的餐桌用酒杯。	
40	盐	芹盐，一种用食盐及精细研磨的芹菜子混合而成的盐。	
		食用盐，盐的主要化学成分为氯化钠，含量为 99%（属于混合物），粉末状，400 克/袋。	
		过硼酸盐。	
		香浴盐，可用于洗脸、足浴，能促进新陈代谢，深层清洁肌肤。	
41	炭	竹制木炭。	
		沉香木炭（线香），每盒 108 根，长 210 毫米，宽 1.7 毫米，35%的沉香粉，15%的植物粘粉，50%的木炭。	
		家用活性竹炭，去异味，除甲醛，防臭，柱状直径 105 毫米，净重 7000 克×20 包。	
		绘图用木炭。	
42	童车	儿童两轮车。	
		儿童三轮车。	
		婴孩车。	
		游乐场里的儿童碰碰车。	
43	地毯	椰壳纤维制地毯，客厅铺地用，100%椰壳纤维，机织，50 厘米×80 厘米。	
		聚乙烯制地毯，铺地用，成分为聚乙烯。	
		硫化橡胶制地毯，铺地用。	
		竹编织地毯，竹制，铺地用。	
44	机器人	自动搬运机器人，代替人工搬运集成电路，集成电路工厂专用。	
		电阻焊接机器人，半自动，根据仿生学原理，利用特殊材料制成的机械化骨架，由电力驱动。	
		喷涂机器人，用于给自行车零件喷涂油漆。	
		“库卡”机器人，用于生产加工流水线，具有充填、包装、装配组立、粉状收料的功能。	

表2-1 续8

序号	商品类别名称	商品描述	税则号列
45	麦芽	固体麦精，20 千克/包，大麦 90%，麦芽 10%。	
		麦芽糊清，含 95. 5%糊清麦芽糖，4. 5%葡萄糖。	
		青岛啤酒（Tsingtao），100%麦芽酿造，酒精含量为 3. 8%。	
		麦芽“咖啡”，98%焙制麦芽，2%蔗糖。	
46	润滑剂	润滑脂，用于减少工业用机器的摩擦损伤，从石油中提取的矿物油含量为 75%。	
		医用润滑剂，外科手术专用润滑，成分有甘油、水、聚乙二醇。	
		切削润滑剂，用于滚槽工艺过程中润滑，含有矿物油 50%，溶剂油 20%，磺化钠 29%，碳酸钙 1%，10 升/桶。	
		硬脂酸镁润滑剂，饱和无环一元羧酸，用作化妆品中的润滑剂，使之润滑光亮透明。成分为 99%硬脂酸镁，1%水分。	
47	沥青	黄沥青，一种经熔化过滤纯化的天然白树脂。	
		石油沥青，从石油提炼的沥青。	
		硬脂沥青，蒸馏脂肪而得，呈黑灰块状。	
		啤酒桶沥青，以松香、树脂酸或植物沥青为基本成分。	

任务二 归类要素辨析训练

表 2-2

序号	货品名称	商品描述	齐全	来源	状态	包装	材质	加工	规格	功能	用途	税则号列
1	乳鸽	活的。										
2	酸奶	瓶装，冷藏，内含少量蓝莓果肉。										
3	氯化钾肥	按重量计含量 85%，其余杂质。										
4	鸡	已宰杀、生的、供食用，整只。										
5	太平洋鳕鱼干	盐渍的。										
6	冷水小虾	冷冻的。										
7	调味香料	已研磨的小茴香子（按重量计 70%）与八角茴香（按重量计 30%）的混合物。										
8	洗手液	主要成分：非离子表面活性剂、水、微量香料，液状，用于洁手。										
9	胡萝卜素	用作着色料。										
10	尼龙单丝	尼龙 66 单丝，卷轴，截面直径 1.2 毫米。										
11	塑料硬管	圆形截面，城市自来水管道供水用。										
12	垫圈	O 型垫圈，用于阀门密封。										
13	滤油器用过滤芯	用于点燃往复式活塞内燃发动机（汽车用）滤油器上，圆柱形。										
14	厨房用杯垫	麻制，钩编。										
15	机织真丝围巾	未经刺绣加工。										
16	儿童服装	棉制，上衣，适用于身高不超过 80 厘米的婴幼儿。										

表2–2　续1

序号	货品名称	商品描述	齐全	来源	状态	包装	材质	加工	规格	功能	用途	税则号列
17	防寒上衣	防寒上衣，经 PVC 涂层处理的机织化纤织物作面料（用肉眼可以辨别其涂层），立领，前胸全开襟（由拉链、揿扣和尼龙搭扣扣紧），长袖，腰部和下摆用抽带收紧，以弹性方式收紧袖口，女式。										
18	生丝	将蚕丝中的长丝通过缫丝制得，未加捻。										
19	连衣裙	裙料按重量计含真丝50%，含涤纶丝50%。										
20	衬衫	衬衫，100%涤纶织物作面料，有领、短袖、领口下半开襟，门襟左压右。										
21	钻探石油用无缝钻管	外径为150毫米。										
22	景泰蓝花瓶	用青铜做成器物的胎，把铜丝掐成各种花纹焊在铜胎上，再填上珐琅彩釉之后烧制，用于房间装饰。										
23	锡箔	成卷，纸衬背，用于食品包装。										
24	合金钢弹簧	装配于供修剪园林枝条用的剪刀上，能使手柄剪切后分开，剪切时用单手操作，剪切力很强。										
25	电力电缆	三芯铜导体，有接头。										
26	机器用工件夹具	钢铁制。										
27	密封垫	制冷压缩机螺杆泵用。										
28	落地扇	家庭用落地式电风扇，全铜机芯，5片旋风扇叶。										
29	电容器	非电力电容器，固定式，采用塑料介质。										
30	照相机用直流电机	基座最大尺寸为40毫米。										

表2-2 续2

序号	货品名称	商品描述	齐全	来源	状态	包装	材质	加工	规格	功能	用途	税则号列
31	卤钨灯泡	功率为 50 瓦，光色为白色。										
32	拉链	全铜拉链，复古红铜色，安装于手提包开口处。										
33	猪鬃	用于制作鞋刷。										
34	互感器	其功能主要是将高电压或大电流按比例变换成标准低电压。										
35	筷子	餐桌用的无漆无蜡的筷子，10 双/盒。										
36	车削工具	合金钢制的，车床用的锻模车削工具。										
37	电冰箱壳体	家用电冰箱的壳体，冷冻设备用。										
38	空调	大金牌挂壁式的空调，具有制热和制冷功能。										
39	铜合金片	黄铜含量为 5%，锌含量为 1%，长、宽各为 500 毫米和 130 毫米，铜板厚度为 0. 2 毫米。										
40	电梯	垂直升降式的。										
41	布线组	有接头的布线组。										
42	鱼粉	团粒状的，蛋白质含量为 10%，其他为 90%。										
43	麻辣小虾	小虾油炸后放入辅料翻炒制成。										
44	汽车雷达	结构组成：一个主机、报警器及多个发射/接收天线；工作原理：利用发射/接收无线电波工作。										
45	电热蚊香液	带有小台灯，含有 90%的灭蚊剂和 10%的薰衣草精油，主要用于灭蚊。										
46	雷达传感器	汽车用于倒车。										
47	两轮自平衡车	电动。										

表2-2　续3

序号	货品名称	商品描述	齐全	来源	状态	包装	材质	加工	规格	功能	用途	税则号列
48	自行车	用于参加越野比赛。										
49	生马皮	新鲜的未经任何处理的整张生马皮。										
50	铝合金管	铝合金管，100%铝制。										
51	显影剂	零售包装。										
52	强化地板	以一层或多层专用纸浸渍固性氨基树脂，铺装在刨花板、高密度纤维板等人造板基层表层，背面加平衡层，正面加耐磨层，经热压，成型的地板，非辐射松制。										
53	ABS电机	BOSCH牌直流电动机。										
54	美洲桃花心木厚板材	刨切并经过砂光处理的。										
55	不锈钢材	除轧制外未经进一步加工，截面为矩形的钢材，宽度为50毫米，厚度为5毫米。										
56	成卷的糊墙品	表层塑料经压花加工，底层有衬纸，不宜作铺地材料。										
57	土豆片	土豆片由添加食盐、味精等调味物质的土豆粉制成，供食用的。										
58	电影胶片	已曝光，已冲洗，宽度为40毫米。										
59	钢瓶	装压缩气体的钢瓶，钢铁制。										
60	感光纸	成卷的未曝光的黑白摄影感光纸。										
61	消防服	消防员灭火时穿的服装。										
62	剪羊毛	未梳的羊毛。										
63	牛皮	重量为20千克经退鞣处理的。										
64	板栗	供食用。										

表2-2 续4

序号	货品名称	商品描述	齐全	来源	状态	包装	材质	加工	规格	功能	用途	税则号列
65	零售的涤纶丝线	双股，捻度约600捻/米，终捻为Z捻，长度为5000米，总重量1000克。										
66	“友声”吊秤	称重用。										
67	布热图斯红葡萄酒	鲜葡萄酿，CHATEAU-BRETHOUS。										
68	继电器	用于阀门控制器，自动控制电路。										
69	弹簧片	材质：钢铁制，具有弹性的金属薄片。										
70	锁头	材质：锌合金制，钥匙锁。										
71	铝桶	材质：铝制的，盛装液体用。										
72	调味罐	厨房用。										
73	乌龙茶	半发酵的。										
74	防伪标签	用于服装吊牌的纸质防伪标签，自粘，规格2厘米×1厘米。										
75	游乐园宣传海报	纸质印刷，为节日活动做宣传。										
76	熏香炉	铁制熏香炉，家庭装饰和家庭熏香用。										
77	一次性筷子	裸装，用于餐饮业。										
78	别克小轿车	装有汽油发动机的整车，排气量为1400毫升，有5个座位。										
79	望远镜	观赏旅游用。										
80	奶油发泡器	加工食品用，不锈钢制成，重量为0.5千克。										
81	温度计	由温度传感器、液晶显示器、纽扣电池、专用集成电路及其他电子元器件组成，利用温度传感器输出电信号，直接输出数字信号，然后通过显示器显示以数字表示的温度数，可直接读数。										

表2-2 续5

序号	货品名称	商品描述	齐全	来源	状态	包装	材质	加工	规格	功能	用途	税则号列
82	蓝牙迷你音箱	额定功率 3 瓦，有箱体，用于播放音乐。										
83	激光视盘播放机	使用媒介为光盘。										
84	大理石块	正方形，一面突出的凹凸部分已切割掉，但仍有少数凹凸不平和开采留下的痕迹，另一面经磨光成平面，用于制作大理石台面。										
85	巧克力	零售盒装，主要有以下几种：一是动植物造型，如海螺、扇贝、海马、鱼、虾蟹、花、叶子等形状；二是水滴、钻石、马蹄、贝壳、心形、五角星、浮雕造型等形状；三是立体几何造型，如球体、元宝形、圆锥形等形状。										
86	热水器	额定功率：42 瓦，尺寸：530 毫米×335 毫米×140 毫米，智能 LED 宽屏，适用于家庭室内。										
87	LED 筒灯	型号：F0012；LED 筒灯主要由 LED 光源、铝基板、恒流驱动的变压器电源和铝灯罩等部件组成；工作原理：将 110 伏～220 伏的交流电经过内置恒流驱动的变压器电源输出 35 伏的低压直流电供给 LED 光源，使其发光，起到照明作用；性能指标：输入电压为 AC110 伏～220 伏，功率为 12 瓦。										

表2-2 续6

序号	货品名称	商品描述	齐全	来源	状态	包装	材质	加工	规格	功能	用途	税则号列
88	植物营养液	规格：5升/瓶，植物营养液是一种透明液体。加工方法：将硝酸盐、速效磷、水溶性钾、钙、镁和水等原材料经60℃以上的热处理，混合稀释成液态植物营养液。用途：适用于室内花卉水耕栽培，起调节植物生产加速的作用。										
89	电子绳	型号：SF300；尺寸：手柄长17厘米。电子跳绳是由两个手柄（ABS塑胶外壳、LCD+电子元器件及LR44碱性纽扣电池）和一条绳子（塑料制，直径为0.5厘米，长度为3米）组成。功能：电子计数跳绳数据和计算消耗的卡路里数，并通过手柄上的小液晶片显示跳绳数据和消耗的卡路里数。										
90	混合果汁	规格：500毫升/瓶，8瓶/箱；玻璃瓶灌装。加工方法：按配方比例将各种原料加入到调配缸中进行充分均匀混合，过滤后，通过巴氏灭菌机进行灭菌，再通过灌装机将灭菌后的混合果汁灌装经洗瓶机清洗干净的玻璃瓶中，由封瓶机进行封瓶密封，最后通过喷淋机，将瓶身清洗干净并吹干瓶身，打印生产日期，得到成品。										
91	平板电脑	规格：195毫米×123毫米×10毫米，重量350克（含电池），带有通话功能。										
92	交流稳压电源	用于产品供电。										

表2-2　续7

序号	货品名称	商品描述	齐全	来源	状态	包装	材质	加工	规格	功能	用途	税则号列
93	口香糖	6片/盒，胶基糖经挤压、冷却、再挤压、切片成型、老化、包装制成。										
94	手机袋	规格：9厘米×14厘米，用于保护手机，通常将手机放入手袋内，免受碰撞。										
95	橡胶塞	规格：直径5毫米×长10毫米；橡胶塞外观呈圆柱形，材质为硫化橡胶。										
96	工业用电动吸尘器	空气流量90升/秒，真空压20千帕，吸力540瓦，主过滤面积6600平方厘米，收集筒容量46升；重量28千克，（高）770毫米×（宽）470毫米（长）700毫米。										
97	乙丙橡胶	颗粒状乙丙橡胶。										
98	非合金制地质钻管	圆形截面，天然气钻探用，长5米，外径8厘米，内径7.5厘米。										
99	地毯	毡呢制，未植绒，铺地用。										
100	电脑主机	DELL/7020MT，含CPU、主板等。										
101	遮阳棚	起遮阳、阻挡紫外线作用。										
102	GPS导航仪	帮助用户准确定位当前位置，并且根据既定的目的地计算行程。										
103	风扇	家用，输出功率110瓦。										
104	四通换向阀	用于热泵型空调。										
105	红色墨水	含2%颜料，5%蛋白质，93%水，塑料瓶装。										
106	40英尺集装箱	水路运输用。										
107	滚动轴承	减少摩擦，滚动支撑用。										

表2-2 续8

序号	货品名称	商品描述	齐全	来源	状态	包装	材质	加工	规格	功能	用途	税则号列
108	叶松原木	外观：圆柱形，规格：直径 10 厘米×长 150 厘米，用于生产胶合板。										
109	密封圈	轿车车身密封用。										
110	蜂鸣器	结构组成：由多谐振荡器、压电蜂鸣片、阻抗匹配器及共鸣箱、外壳等组成；功能原理：蜂鸣器中多谐振荡器由集成电路构成。										
111	油印蜡纸	用于防潮。										
112	羊羔肉	供食用，半头羔羊。										
113	肥料	50%的硫酸铵、30%的过磷酸钙和 20%的硫酸钾混合而成的颗粒状肥料，用于供肥料厂销售。										
114	火鸡	重量为 150 克，活的。										
115	新加坡邮票	未使用过。										
116	人造黄油	可食用的。										
117	甘薯	新鲜的甘薯。										
118	剃须刀	得力牌手动剃须刀，塑料制的刀柄。										
119	手动扳手	合金钢制的扳手。										
120	单晶硅切片	经掺杂已切割成圆形。										
121	宝石轴承	用宝石等硬质材料制成的。										
122	红葡萄酒	鲜葡萄酿制，酒精浓度为 15%。										
123	水彩笔颜料	成套的，学生用的。										
124	眼镜架	塑料制。										
125	荧光棒	规格：Φ6×220 毫米；用途：用于增加节日或派对等场合的气氛；每包 50 根。										

表2–2　续9

序号	货品名称	商品描述	齐全	来源	状态	包装	材质	加工	规格	功能	用途	税则号列
126	棉布	未漂白，纯棉机织平纹布，棉占90%，其他占10%。										
127	托盘	又称卡板，用于叉车运输。										
128	轴承	具有耐腐蚀和固体摩擦的作用。										
129	遮眼罩	适用于日常睡眠遮挡光照。										
130	A4复印纸	70克重，300mm×210mm。										
131	狗窝	用途：宠物使用。										
132	速冻饺子	生的，每袋800克，猪肉三鲜馅的。										
133	浴巾	由两块布组成，总重180克，其中棉布重量100克、涤纶布80克，染色、平纹，盥洗用。										
134	混合肥料	成分含量：尿素80%、硫酸铵肥20%，颗粒状，用于供肥料厂销售。										
135	凸轮轴	材质：钢铁制。										
136	老干爹罐头	规格：240克/罐，零售，外观为混合不规则颗粒状。										
137	男士套头衫	针织，拉链全开襟。										
138	手帕	长方形，真丝机织。										
139	蚊香	驱蚊用品。										
140	“柯达”胶卷	成卷，彩色摄影用，一次成像，宽35毫米，长4米。										
141	铝合金片	外观长方形，长500毫米×120毫米，表面涂漆，衬底为纸板。										
142	密封垫圈	仪器密封用垫圈。										

表2-2 续10

序号	货品名称	商品描述	齐全	来源	状态	包装	材质	加工	规格	功能	用途	税则号列
143	棒状单晶硅	用于电子工业，经掺杂，按重量计含硅量不小于99.99%。										
144	猪肝	双汇猪肝，1000克/袋。										
145	黑巧克力	可可脂含量为36%，排块的。										
146	紫菜	供食用的。										
147	一次性浴衣	涤纶（100%）无纺布制成的男式一次性浴衣。										
148	地毯	机织的块状地毯，尺寸1米×1米。										
149	螺旋弹簧	钢铁制的，一种利用弹性来工作的机械零件。										
150	豆油	未经化学改性的。										
151	麻辣罗非鱼	新鲜的罗非鱼经油炸后配上辅料制作成鱼罐头。										
152	儿童乘骑的三轮车	供儿童乘骑的带轮玩具。										
153	工具套装	由一把扳手、一把老虎钳、一把锤子、一卷绝缘胶带组成，包装在一个塑料盒内，零售包装，供电工维修水电使用。										
154	纯棉的平纹布	110克/平方米，未漂白，幅宽为110厘米。										
155	热得快	是生活中家用的一种电器，可以用来烧开水、热牛奶、煮咖啡等，快捷而方便。										
156	车牌	小汽车用的标志。										
157	自行车	儿童用的自行车。										
158	水表接头	用于水表和水管连接的接头。										
159	甜玉米	供食用的蔬菜。										

表2-2　续11

序号	货品名称	商品描述	齐全	来源	状态	包装	材质	加工	规格	功能	用途	税则号列
160	婴儿罐头	由10%虾仁、20%猪肉、70%马铃薯经过精细均化制成。										
161	太阳能热水器	主要是为家庭提供家庭所需的洗涤和洗浴用水。										
162	地毯	手工结织栽绒地毯，规格：6米×98米×10米。										
163	连衣裙	机织女式连衣裙。										
164	葡萄酒	奥世迈金武士经典红葡萄酒礼盒，内含酒精度为12%的酿制红葡萄酒1瓶及饮酒用玻璃高脚杯2只。										
165	非合金钢板材	切条非合金钢平板轧材，规格为0.5毫米×519毫米×1700毫米，含99.7%铁，0.06%碳，0.24%锰。										
166	手帕	机织手帕，规格：65厘米×50厘米。										
167	电子计算器	袖珍式的电子计算机。										
168	椅子	装有软垫。										
169	飞机模型	儿童娱乐用品。										
170	割草机	电驱动，修剪草坪用。										
171	双桶洗衣机	半自动双桶洗衣机，装有离心甩干机。										

项目二 报关单填制

XIANGMU ER BAOGUANDAN TIANZHI

任务三　脱脂奶粉申报

一、业务背景

三菱商事（广州）有限公司[①]进口一批脱脂奶粉（0402.1000）在我国境内销售。

二、作业要求

根据业务背景及随附单证，完成电子数据报关单录入及复核。

三、随附单证

本任务的随附单证见单证 3-1 至单证 3-9。

① 本书涉及的所有机构名称、人名、电话及数据等系编者虚构，如有雷同，纯属巧合。

单证 3-1

Mitsubishi Australia Ltd.
ABM 81 004 354 278
Level 36,120 Collins Street
Mebourne VIC 3000
(Tel)

(Fax)

CONTRACT OF SALE

MITSUBISHI AUSTRALIA LIMITED as Seller hereby confirms the sale to the undermentioned Buyer of the following goods (the "Goods") on the terms and conditions given below INCLUDING ALL THOSE PRINTED ON REVERSE SIDE HEREOF which are expressly agreed to, understood and made a part of this Contract:

Buyer Code	Date of Contract	Sales Order Number	Buyer Reference Number
MC00583000	18.12.2013	687340	13P193

Buyer Name &Address	Shipment and Origin From-To	Place of Destination
MISUBISHI CORPORATION (GUANGZHOU) LGSL 28/F Citic Place 233 Tianhe North Road Guangzhou, China Post Code:510613	MELBOURNE AUSTRALIA TO HUANGPU CHINA	MITSUBISHI CORPORATION (GUANGZHOU) LGSL 28/F Citic, Place, 233 Tianhe North Road Guangzhou, China, Post Code:510613

Delivery Terms	Paymen Terms:
CFR HUANGPU, CHINA 1FCL ETD FEB 2014, 1FCL ETD TBA	TT-CITNY MLB 30 days after B/L date

Goods Description	Quantity	Unit	Unit Price	Amount
Skim Milk Poweder, 25KG (YAKULT GSL)	50	MT	5,000.00	250,000.00

Total Qty: 50 MT

Total	USD	250,000.00

*****PRODUCT SHALL BE FULLY COMPLYING WITH ALL CHINESE PRODUCT, DOCUMENTATION AND LABEL REGULATIONS INCLUDING GB*****

*****PRE-SHIPMENT SAMPLE REQUIRED PRIOT TO COMMERCIAL SHIPMENT*****

Accepted and Confirmed by:

(Buyer) MITUSUBISHI CORPORATION (GUANGZHOU) LTD.
GSL

(SELLER) Mitsubishi Australia Limited

单证 3-2

Mitsubishi Australia Ltd. TAX INVOICE

ABN 81 004 354 278
Level 36,120 Collins Street
Mebourne VIC 3000
(Tel)
(Fax)

Invoice No.	Invoice Date.	Due Date	Amount
99884883	24.04.2014	24.05.2014	USD 125,000.00

Customer Name
MITSUBISHI CORPORATION (GUANGZHOU) LTD GSL 28/F, Citic Plaze.233 Tianhe North Road Guangzhou, China, Post Code:510613 Account No.MC00583000

Please instruct your bankers to make payment by Telegraphic Transfer (without deduction of charge) to:
Account Name:Mitaubiahi Australia Limited
Account NO:36959408
Chips:0008
Bank Name:Citibank N.A
Bank Adress:111Wall Street, New York.NY 10043.USA
Please quote our invoice number on remittance advice

Sold To:	Payers :	Ship To:
MITSUSISHI CORPARATION (GUANGZHOU) LTD GSL 28/F Citis Please 233 Tianhe North Road Guangzhou, China.Port Code:510613 Account No.MC00583000 ORIGINAL COUNTRY: AUSTRALIA	MITSUSISHI CORPORATION (GUANGZHOU)LTD GSL 28/F, Citic Plaze.233 Tianhe North Road Guangzhou, China, Post Code:510613 Account No.MC00583000	MITSUSISHI CORPORATION (GUANGZHOU) LTD GSL 28/F,Citic Plaze.233 Tianhe North Road Guangzhou, China, Post Code: 510613 Account No.MC00583000

Invoice No.	Invoice Date.	Your Reference Number	Our Reference Number
99884883	24.04.2014	TDP SMP YAKUL/T 13P19-18.12.2013	687340

Date of devlivery	Shipment From-To	Vessel Name/Shipped By	B/L Date
24.04.2014	MELBOURNE, AUSTRALIA TO HUANGPU, CHINA	XIN TIAN JIN V.016N	24.04.2014

Terms of Payment	Terms of Delivery
TT-CITINY MLB 30 days after B/L date	CFR HUANGPU CHINA APPIL 2014 SHIPMENT

Description	Quantity	Unit	Unit Price	Per	Amount
000010 3000068622 Skim Milk Powder, 25KG (YAKULT GSL) GST	25	MT	5,000.00	MT	$ 125,000.00 0.00

Total Qty. 25.000 MT Total Amount 125,000.00

Customer Note:
13P193-1

ALL amounts are expressed in USD
Mitsubishi Australia Ltd.

单证 3–3

PACKING LIST

EXPORTER Murray Goulburn Co-operative Co. AUSTRALIA ABM 230042770089	INVOICE NO.&DATE 99884883 24 ARR 2014T	EXPORTER REFERENCE 186374
	BUYER REFERENCE&ORDER	
CONSIGNEE/BUYER Mitsubishi Corporation (Guangzhou) Ltd., 233 Tianhe North Road, Guangzhou	BUYER (IIF NOT CONSIGNEE) Mitsubishi Australia Limited MELBOURNE VIC 3000 AUSTRALIA	

VESSEL/AIPCRAPT ETC. XIN TIAN JIN/016N		NOTIFY PARTY Mitsubishi Corporation (Guangzhou) Ltd., 28THFloor,Citic Plaza 233 Tianhe North Road, Guangzhou TEL: Fax:
PORT OF LOADING Melbourne, Australia	E.T.D. 24 ARR 2014	
PORT OF DISCHARGE HONG KONG		
FINAL DESTINATION PORT HUANGPU	E.T.A.	

PACKING LIST DETAILS	UNIT TYPE	PACKING QUANTITY	NET WT (kg)	GROSS WT (kg)	CUBIC VOL (m^3)
Container No:BSIU4043456 Seal No:121846 Skim Milk Powder 25kg	CTN	1000	25000.000	25400	42.000
TOTAL THIS PAGS		1000	25000.000	25400	42.000
TOTAL THIS CARGO			25000.000	25400	42.000

单证 3–4

Shipper
MERRAY GOULBURN CO-OPERATIVE CO. LIMITED
FRESHWATER PLACE LEVEL 15 2 SOUTHBANK BOULEVARD
SOUTHBANK VIC 3006 AUSTRALIA ABN 23004277089

Bill No: MELHUA027657

中海集装箱运输股份有限公司
CHINA SHIPPING CONTAINER LINES CO., LTD
Cable :0001 Telex:33200 CSCO CN
PORT–TO–PORT OR COMBINED TRANSPORT
BILL OF LADING

Consignee
MITSUBISHI CORPORATION (GUANGZHOU) LTD.
28TH FLOOR, CITIC PLAZA
233 TIANHE, NORTH ROAD, GUANGZHOU
TEL:
FAX:

ORIGINAL

Notify Party (Carrier not be responsible for failure to notify)
MITSUBISHI CORPORATION (GUANGZHOU) LTD.
28TH FLOOR, CITIC PLAZA
233 TIANHE, NORTH ROAD, GUANGZHOU
TEL:
FAX:

Ocean Vessel Voy.No. XIN TIAN JIN 0161N	Port of Loading MEIBOURNE	Place of Receipt MEIBOURNE
Port of Dischanrge HONG KONG	Place of Delivery HUANGPU	Final Destination (of the goods not the ship) HUANGPU

Marks /Nos. Container No	No Pkgs or Container	Number and kind of packages description goods	Gross weight kgs	Measurement m³
Cn, No Seal BSIU4043456 Shipped on Board:24-Apr-14	1000 Packs 1000PKG	1x40FT CONTAINER STC SKIM MILK POWDER 25KG NET WT:25000KGS Freight Prepaid CY-CY: SHIPPER's LOAD STOW AND COUNT	25400,000KG Weight (kg) 25400.000	42.000 M³ VOLUME (M³) 42.000

Total No.Container or Packages (in Words)
ONE CONTANER (S)

Description	Basis	Curr	Prepaid Amount	Curr	Collect Amount

Payable AT	Place/Date issue	No. of OrigBs/l
MELBOURNE	MELBOURNE, 24-APR-14	

单证 3-5

<table>
<tr><td colspan="2">1.Shipper
中海集装箱运输（香港）代理有限公司香港岛东华兰路 18 号港岛东中心 0/B
MURRAY GOULBURN CO-OPERATIVE</td><td colspan="5">B/L NO.HKGBT143076</td></tr>
<tr><td colspan="2">2.Consignee
TO ORDER</td><td colspan="5" rowspan="4">五洲航运有限公司
UNIVERSAL SHIPPING (ASIA) CO.,LTD
BILL OF LADING</td></tr>
<tr><td colspan="2">3. Notify Party(Carrier to be responsible for failure to notify)
三菱商事（广州）有限公司广州河北路 233 号中信广场 28 楼</td></tr>
<tr><td>4. Pre-carriage by*</td><td>5.Place of Receipt by Pre-carrier*</td></tr>
<tr><td>6. Ocean Vessel Voy.No.
方舟 1
5304550053</td><td>7. Port of Loading
HONGKONG（香港）</td></tr>
<tr><td>8. Port of discharge
HUANGPU (广保通码头)</td><td colspan="6">9.Place of Delievery*Applicable only when document used as a combined transport bill of loding
HUANGPU (广保通码头)</td></tr>
<tr><td>10.Marks and Nos.
Container seal NO.
N/M
1x40GP
BSIU4043456/40GP/121846</td><td>11.No. of containers or PKgs</td><td colspan="3">12.kind of Package: Description of Goods (if Dangerous Goods, See Clause 20)
SHIPPER'S LOAD.COUNT&SEAL 1×40GP CONTAINER S.T.C
1000 PACKS
脱脂奶粉
装卸费用由安途支付，中海控箱
T/C FM MELBOURNE TO HUANGPU VIA HKG EX MV.XIN TIANJIN V.0161N UNDER THROUGH B/L NO:MELHUA027657
15.Description of Conents for Shipper's Use Only (CARRIER NOT RESPONSIBLE)</td><td>13.Gross Weight
25400KGS</td><td>14.Measurement
42CBM</td></tr>
<tr><td colspan="2">16. TATAL NO.CONTANIERS OR PACKAGES (IN WORDS)
Subject To Clause 7 Limitation</td><td colspan="5">SAY: ONE (1×40 GP) CONTAINER ONLY</td></tr>
<tr><td colspan="2">DESTINATION AGENT
中海集装箱运输广州有限公司
广州开发区宝石路 28 号汇景大厦一楼（中穗加油站旁边）
彭先生 TEL:
17.FREIGHT&CHARGES
FREIGHT PREPAID</td><td>18.Revenue Tons</td><td>19.Rate</td><td>20.Per</td><td>21.Prepaid</td><td>22.Collect</td></tr>
<tr><td>23. Ex.Rate</td><td>24.Prepaid at</td><td colspan="3">25.Payable at (MEMO)</td><td colspan="2">26.Collect</td></tr>
<tr><td></td><td>27.Total prepaid in</td><td colspan="3">28.No.of Original B(s)/L
THREE</td><td colspan="2">Signed for the Carrier</td></tr>
</table>

DATE Laden on board the vessel 05/26/2014

单证 3-6

中华人民共和国自动进口许可证
AUTOMATIC IMPORT LICENCE OF THE PEOPLE'S REPUBLIC OF CHINA

NO.3677630

1.进口商： 4401618428869 Import 三菱商事（广州）有限公司	3.自动进口许可证号： Automatic import licence No. 14-19-NT2931
2.进口用户： 4401618428869 Consignee 三菱商事（广州）有限公司	4.自动进口许可证有效截止日期： Automatic import licence expiry date 2014 年 11 月 07 日
5.贸易方式 Terms of trade	8.贸易国（地区）： Country/Region of exportation 澳大利亚
6.外汇来源 Terms of foreign exchange 银行购汇	9.原产地国（地区）： Country/Region of orign
7.报关口岸： Place of clearance 黄埔关区	10.商品用途： Use of goods 内销

11.商品名称： Description of goods　　商品编码： Code of goods　　商品状态：新 Status of goods
新脂肪含量≤1.5%固体乳及奶油（指粉状、粒状或其他固体状态，浓缩，加糖或其他甜物质）

12.规格、型号 Specification	13.单位 Unit	14.数量 Quantity	15.单价（USD） Unit prie	16.总值（USD） Amount	17.总值折美元 Amount in USD
25KG/袋	千克	*25，000.0	*5.0000	*125,000	$125.000
18.总计 Total	千克	*25，000.0		*125,000	$125,000

19.备注： Supplementary details	20.发证机关签章： Issuing authority's stamp 21.发证日期：2014 年 06 月 08 日

单证 3–7

中华人民共和国出入境检验检疫
入境货物通关单

442100114011493T

编号：4421001141086154000

<table>
<tr><td colspan="3">1. 收货人
三菱商事（广州）有限公司
MITUSBISHI CORPORATION (GUANGZHOU) LTD.</td><td colspan="2" rowspan="3">5. 标记与号码
N/M</td></tr>
<tr><td colspan="3">2. 发货人
***</td></tr>
<tr><td colspan="2">3. 合同、提（运）单号
13P193/HKGBT143076</td><td>4. 输出国家或地区
澳大利亚</td></tr>
<tr><td colspan="2">6. 运输工具名称及号码
方舟 1 520201405250</td><td>7. 目的地
广东省广州市</td><td colspan="2">8. 集装箱规格及数量
海运 40 尺普通 1 个</td></tr>
<tr><td>9. 货物名称及规格
MG 脱脂奶粉
***
（以下空白）</td><td colspan="2">10. H. S. 编码
***
（以下空白）</td><td>11. 申报总值
*125000 美元
***
（以下空白）</td><td>12. 数/重量、包装数量及种类
*25000 千克
*1000 纸袋
（以下空白）</td></tr>
<tr><td colspan="5">13. 证明
上述货物业已报检/申报，请海关予以放行。

签字：　　　　　　　日期：××××年××月××日</td></tr>
<tr><td colspan="5">14. 备注</td></tr>
</table>

[2-2（2000. 1. 1）]　　　　①货物通关

单证 3-8

THE TOKIO MARINE & NICHIDO FIRE INSURANCE COMPANY (CHINA)LIMITED GUANGDONG BRANCH

Room 5207-08, CITIC Plaza, 233 Tianhe BeiLu, Guangzhou, China

Phone × × ×   Facsimile × × ×   Facsimile × × ×

DEBIT NOTE

Mitsubishi Corporation (Guangzhou) Limited DUE DATE: MAY 28,2014

Ctrl:UW2245947480SOTO

CLASS	OPEN POLICY	POLICY NO.	ENDT.NO.	PREMIUM
Cargo Insurance	12SH020-2013 (GD)	PB0214010069		
	EFFECTIVE	From 2014-04-24 To 2014-04-24		
RISK	SUM INSURED		RATE	
	USD 137,895.00		-	USD358.83
EXCHANGE RATE:USD1.00=RMB6.1705,ORGINAL PREMIUM=RMB2,212.31				
TOTAL	USD 137,895.00	NET TOTAL		USD358.53

Authorized Signature   费用类型保费

贵公司收到付款通知书后，请在 2 周内将保费汇入到以下银行账号内。
如果属于"见费出单"制度的，请参照《广东省保费预付制度（见费出单）简介》。

（请注意：币种不同，汇入的银行账户亦不同）

户名：东京海上日动火灾保险（中国）有限公司广州分行分公司 THE TOKIO MARINE & NICHIDO FIRE INSURANCE COMPANY (CHINA) GUANGDONG BRANCH

账号：

1. 人民币账号：三菱东京日联银行（中国）有限公司广州分行 Bank of Tokyo-Mitsubishi UFJ (China), Ltd.Guangzhou Branch A/C No. 5511000304360
   中国银行广州中信广场支行
   Bank of China Guangzhou Zhongxin Guangchang BranchA/C No665262018682
2. 日元账号：三菱东京日联银行（中国）有限公司广州分行
   Bank of Tokyo-Mitsubishi UFJ (China), Ltd.Guangzhou Branch A/C No. 5121000041475
3. 美元账号：三菱东京日联银行（中国）有限公司广州分行
   Bank of Tokyo-Mitsubishi UFJ (China), Ltd.Guangzhou Branch A/C No. 51210000041475
4. 港币账号：三菱东京日联银行（中国）有限公司广州分行
   Bank of Tokyo-Mitsubishi UFJ (China), Ltd.Guangzhou Branch A/C No. 51210000041521

Policy No:PB0214010069   Debit Note No:UW2245947480S0T0

请在付款凭证上注明上述内容，或直接将此联撕下附在付款凭证上，以便我们能及时为您签发保险费发票。谢谢！

单证 3–9

代理报关委托书

编号：00012521162

我单位现 A（A. 逐票✓、B. 长期）委托贵公司代理 A 等通关事宜。（A. 填单申报 B. 辅助查验 C. 垫缴税款 D. 办理海关证明联 E. 审批手册 F. 核销手册 G. 申办减免税手续 H. 其他）详见《委托报关协议》。

我单位保证遵守《海关法》和国家有关法规，保证所提供的情况真实、完整、单货相符，无侵犯他人知识产权的行为。否则，愿承担相关法律责任。

本委托书有效期自签字之日起至 2014 年 12 月 31 日。

委托方（盖章）：

法定代表人或其授权签署《代理报关委托书》的人（签字）

2014 年 05 月 27 日

委托报关协议

为明确委托报关具体事项和各自责任，双方经平等协商签订协议如下：

委托方	三菱商事
主要货物名称	脱脂奶粉
H. S. 编码	
货物总价	USD125000
进出口日期	2014 年 05 月 27 日
提单号	
贸易方式	
原产地/货源地	澳大利亚
其他要求：	
背面所列通用条款是本协议不可分割的一部分，对本协议的签署构成了对背面通用条款的同意。	
委托方业务签章： 经办人签章： 联系电话： 2014 年 06 月 24 日	

被委托方	挚联
＊报关单编码	No. 084087426
收到单证日期	2014 年 06 月 24 日
收到单证情况	合同□发票☑
	装箱清单☑提（运单）□
	加工贸易手册□许可证件□
	其他
报关收费	人民币： 元
承诺说明：	
背面所列通用条款是本协议不可分割的一部分，对本协议的签署构成了对背面通用条款的同意。	
被委托方业务签章： 经办报关员签章： 联系电话： 2014 年 06 月 24 日	

CCBA （白联：海关留存，黄联：委托方留存，红联：委托方留存） 中国报关协会监制

任务四　尾气处理系统申报

一、业务背景

南京中电熊猫平板显示科技有限公司拟进口 3 台尾气处理系统（8419.8990）（CVD 用）。

二、作业要求

根据业务背景及随附单证，完成电子数据报关单录入及复核。

三、随附单证

本任务的随附单证见单证 4-1 至单证 4-7。

单证 4-1

南京中电熊猫平板显示科技有限公司形式合同
THE FORM OF CONTRACT OF NANJING CEC PANDA FPO TECHNOLOGY CO., LTD

合同号码/Contract No：G10814CNNJS41C33
签订日期/Date：2014-9-19

买方/The Buyer：南京中电熊猫平板显示科技有限公司
NANJING CEC PANDA FPO TECHNOLOGY CO., LTD
电话/Tel：　　传真/Fax：
地址/Address：中国南京仙林大道科技南路　　邮编/PC：

卖方/The Seller：（中文公司名称/英文公司名称）Edwards Limited
电话/Tel：　　传真/Fax：
地址/Address：Manor Royal Crawley West Sussex RH10 9LW. ENGLAND

兹经买方、买方进口代理、卖方三方同意。由买方代理代理买方购进，卖方出售下列条款所规定的货物，特签订此合同。This CONTRACT is made by the Buyer, the Buyer import agent and the Seller, whereby it is agreed that the Buyer import agent purchases as buyer's agent and the Seller supplies the undermenthoned goods according to the terms and conditions stipulated below：

ITEM	Description	Specification Model	QTY	UNIT	Unit Price (USD)	Amount (USD)
1	GAS TREATMENT EQUIPMENT FOR CVD	NEPTUNE 1 INLET	3	Sets	250, 400. 00	751, 200. 00
2						
合同合计总值/Total Amount			3	SETS		751, 200. 00

4. 装运期/Time of Shipment
5. 装运口岸/Port of Loading
6. 目的口岸/Port of Destination
7. 分批装运/Partial Shipment　　Allowed
8. 转船/Transshipment　　Allowed
9. 包装/Packing　用坚固木箱或纸箱包装，适合长途海运/陆运/空运。防潮防震，卖方对由于包装不当或保护措施不当而引起的货物损坏或锈蚀负责并承担由此而发生的一切费用。

To be packed in strong wooden case(s) or in carton(s) suitable for long distance ocean/railway/air freight transportation and to change of climate, well protected against moistrue and shocks. The Seller shall be liable for any damage to the commodity and expenses incurred on account of improper packing and for any rust attrbutabel to inadequate or improper protective measures taken by the Seller in regard to the packing.

10. 唛头/Shipping mark: according to agreement
11. 付款/Payment: according to basic contract

买方/The Buyers:　　卖方/The Sllers:
南京中电熊猫平板显示科技有限公司　　Edwards Limited
NANJING CEC PANDA FPO TECHNOLOGY CO., LTD　　Lily

单证 4-2

Edwards Limited

Manor Royal. Crawley Wesi Sussex, RH10 9LW ENGLAND

COMMERCIAL INVOICE

Bill To:

NANJING CEC PANDA FPD TECHNOLOGY CO., LTD

Invoice No：2014121501UK04

Date: 15/Dec/14

Contract No：G10814CNNJS41C33

Ship To:

NANJING CEC PANDA FPD TECHNOLOGY CO., LTD
LCD VALLEY. SOUTH ROAD, XIANLIN AVENUE.

QIXIA DISTRICT. NANJING CITY CHINA

From: Edwards Limited

To: NanJing, China

Term of Delivery CIF Nanjing

Payment of terms: 30% downpay.40% LC upon shipment. 25% LC upon FAC.5%T/Tafter warranty

TEL: FAX:

ATTN.:Miss LV YA

Country of Origin: Great Britain

Item No	Description	Specification	Qty.	Unit	Unit Price (USD)	Amount (USD)
1	GAS TREATMENT EQUIPMENT FOR CVD	NEPTUNE 1-INLET	3	sets	250,400.00	751.200.00
TOTAL：			3	SETS		751,200.00
Total Amount: 751,200.00 USD	In Words: Say seven hundred fifty one thousand two hundred USD only					

Remark:

卖方/The Seller Signatrue
Lily

Edwards Limited

单证 4–3

Edwards Limited

Manor Royal. Crawley Wesi Sussex, RH10 9LW ENGLAND

PACKING LIST

Bill To:

NANJING CEC PANDA FPD TECHNOLOGY CO.,LTD

Ship To:

NANJING CEC PANDA FPD TECHNOLOGY CO.,LTD

LCD VALLEY. SOUTH ROAD, XIANLIN AVENUE.

QIXIA DISTRICT. NANJING CITY CHINA

TEL:　　　　FAX:

ATTN . : Miss LV YAN

Invoice No：2014121501UK04

Date:15/Dec/14

Contract No：G10814CNNJS41C33

From:Edwards Limite

To: NanJing, China

Term of Delivery　CIP Nanjing

Payment of terms:　30% downpay. 40% LCupon shipment. 25% LC upon FAC.5%T/Tafter warranty

Country of Origin: Great Britain

ITEM NO	Description	Specification	QTY	UNIT	TYPE OF PACKAGE	NETWEIGHT	GROSS WEIGHT	CODE NUMBER	
1	GAS TREATMENT EQUIPMENT FOR CVD	NEPTUNE 1-INLET	1	SET	CASE	750	1660	1002877654	170×183×271
					CASE	790	910	1002877255	112×180×255
					CASE	60	89	1002677684	66×78×84
					CASE	7	13	1002677668	50×102×60
2	GAS TREATMENT EQUIPMENT FOR CVD	NEPTUNE 1-INLET	1	SET	CASE	750	1666	1002877680	178×183×271
					CASE	790	810	1002844690	113×180×255
					CASE	60	89	1002877891	56×18×84
					CASE	7	13	1002877682	50×102×60
3	GAS TREATMENT EQUIPMENT FOR CVD	NEPTUNE 1-INLET	1	SET	CASE	150	1660	1002891834	
					CASE	190	909	1002991483	
					CASE	50	89	1002991836	
					CASE	7	13	1002981836	
TOTAL			3	SET					

Total:12
Packages
Measure　　CBM
Net Weight
Gross Weight

Remark:

卖方/The Seller Signatrue
Lily
Edwards Limited

单证 4-4

172|LHR|08955542 IC LHR 25011 SVC CDE:OHG 172-08955542

Shipper's Name and Address / Shipper's Account Number **DHL GLOBAL FORWARDING DANZAS HOUSE KESTREL WRY DAWLEY ROAD HAYES MIDDLESEX GB UB3 1HD U.K.**	Not Negotiable **Air Waybill** Issued by CARGOLUX LUXEMBOURG AIRPORT LUXEMBOUR
Consignee's Name and Address / Consignee's Account Number **NANJING CEC PANDA FPD TECHNOLOGY CO., LTD LCD VALLEY, SOUTH TECHNOLOGY 210046 ROAD, XIANLIN AVEBUE, QIXIA DISTRICT, NANJING CITY, CHINA**	
Issuing Carrier's Agent Name and City **DHL GLOBAL FORWARDING**	Accounting Information LHRU25011
Agent's IATA Code: 91-4-7003/0024 / Account No.	
Airport of Departure (Add. Of First Carrier) and Requested Routing **LONDON HEATHROW**	

To	By First Carrier / Routing and Destination	to	by	To	By	Currency	CHCS Code	WT/NAL PPD	WT/NAL COLL	Other PPD	Other COLL	Declared Value For Carriage	Declared Value for Customs
LUX	**CV**	**CGO**	**CV**	**BKG**	**CV**	**GBP**		**X**		**X**		**N.V.D**	NVD

Airport Destination	Flight/Date	Amount of Insurance	
NANJING	904/31 862/07	9744 1	INSURANCE if carrier's insurance, and such insurance is requested with conditions on reverse hereof, indicate amount to be insured in figure in box marked amount of insurance.

Handling Information
"DANGEROUS GOODS AS PER ATTACHED SHIPPER'S DECLARATION" (5) cartons

No. of Pieces RCP	Gross Weight	Kg Lb	Rate Class / Commodity Item No.	Chargeable Weight	Rate / Charge	Total	Nature and Quantity of Goods (incl. Dimensions or Volume)
12	**8016.0**		**OGC**	**8616.0**	**4.09**	**32785.44** 32785.44	**CONSOLIDATED SHIPMENT PER ATTACHED MANIFEST GAS TREATMENT EQUIPMENT** **//SLAC-12**

Prepaid / Weight Charge / Collect 32785.0	Other Charge P MTC 4508.80
Tax	
Total Other Charge Due Agent	Shipper certifies that the particulars on the face hereof are correct and that insofar as any part of the consignment contains dangerous goods ,such part is properly described by name and is in proper condition for carriage by air according to the applicable Dangerous Goods Regulations.
Total Other Charge Due Carrier 4408.80	Signature of Shipper or his Agent
Total Prepaid: 37194.24 / Total Collect	DHL GLOBAL FWD AS AGENT FOR CARRIER CARGOLUX 29DEC14 LONDON HEATHROW DHL GLOBAL FWD
Currency Conversion / CC Charges in Dest. Currency	Executed on (date) at (place) Signature of Issuing carrier its Agent
For Carrier's use Only at Destination / Charges at Destination	Total Collect Charges / **172-08955542**

Original 2– (for Consignee)

单证 4–5

DOC NO.	TYPE 311	ARPORI CODE NKG DESTINATION NANJING	CUSTOMS CODE NES	ORIGIN CODE LON	DCE AIR Way bill No. 2DNS436
CONSIGNEE'S ACCL N UNKWN		Consugnee's ORDER N			

Consignee
Name and Address
NANJING CEC PANDA FPD
TECHNOLOGY CO., LTD
LCD VALLEY, SOUTH TECHNOLOGY 210046
ROAD,XIANLIN AVEBUE ,QIXIA
DISTRICT, NANJING CITY, CHINA
ALSONOFITY

AIR WAYBILL DHL
CREST CODE:MGB416
DHL GLOBAL FORWARDING(UK)Ltd.Magna House ,18-37
London Road, Stainee,Middleset,TW18 48P
SIGATURE OF ISSUE OFFICEDHL GF /LON
DHL GF /LON
D4M SP

SHIPPERS ACCT N E0005	Shipper's Re 235938 6112490542

SHIPPER
Name and Address
EDWARDS LTD (EXPORTS)
MANOR ROYAL (FAO ANDY GIDDINGS
CRAWLEY 29 RH10 9LW
UNITED KINGDOM

NO OF PCS 5 PACKAGE	Destination L	W	N	GrossWeight LBS	KGS	QUANTITY,DESCRIP &MARKS
3 PCS	178	183	271		8016.0	GAS TREATMENT EQUUIPMENT
3 PCS	113	180	255			DHL CONSOLE
3 PCS	66	78	84			OOB REF:120684
3 PCS	50	102	60			MAWB:172 08955542
TOTAL PIECES 12	CUBIC METERS 44.258058			TOTAL WT(KGS) 7376.5		FLTGHTS;cv-9401 DA-23 ETA:29DEC SECOND FLIGFHT:CV-9746 DA-27 THIRD FLIGHT;CV-1001 DA-29
FOR CUSTOMS	FOR CARRIAGE			TOTAL GROSSWEIGHT 8016.0		
NVD	M/F					
PREPAID×	□COLLECT					KNOWN CUSTOMER
	0					

TOTAL FREIGHT CHARGE			CHARGEABLE WEIGHT	COUNQQITY MUNBER	RATE	AIR CARRIAGE
AS AGREED	1	SHOW CODE □	8016.0 KGS KGS KGS KGS	9999	AS AGREED	TO NKG 1 stCARRIER TO CARRIER TO CARRIER TO CARRIER

INBOUND FREIGHT ADVANCE It most than 5 itomsattachmanifest to transfer it copy	INBOUND FREIGHTCODES =A =C =D	FREIGHT GOOE	1 2 3 4 5	CARRIER	1 2 3 4 5	BILL N	1 2 3 4 5	AMOUNT	1 2 3 4 5
2									

VALUE CHARGE ADVANCES(OTHER THAN CODD)* ORIGIN HANDLING FEES* COODE 3 BELOW	VALUE CHARGES	FROM TO FROM TO	RATE	TOTAL VALUE CHARGE	INCLUDE THIS TOTAL IN ITEM 3
AS AGEED	3	DETALT ALL ORIGIN HANDLING FEES &ADVANCES OTHER THAN 2 ABOVE P FSH AS AGEED P NSH AS AGEED P SSP AS AGEED			
	4	SHIPPER'S REO INSURANCE FEF	AMOUNT	RATE	
	5	PICKUP CHARGE			REM/TTO DHL GLOBAL FORWARDING 18-32 LONDON RD STAINES TW18 4BP
TOTAL DUE SHIPPER	TOTAL DUE CONSIGNEE				
AS AGREED	9		GBP	Comes I and 6 of this Air waybill are ongnalls and have the same valldity	AIRBILL N **2DNS436**

7.DELIVERY RECEIPT

单证 4-6

进出口货物征免税申请表

企业代码	3201938061		企业名称	南京中电熊猫平板显示科技有限公司	
审批依据	总署【2008】103 号公告	进（出）口标志	进口	征免性质/代码	鼓励项目/789
项目统一编号	A00320142300012	产业政策审批条目/代码	《外商投资产业指导目录》(2011 年修订)鼓励项目第三类（二十一）章第 2 项“TFT-CD、PDP OLED 等平板显示器、显示屏材料制造（6 代及 6 代以下 TFT-LCD 玻璃基板除外）”（M032102）		
审批部门/代码	国家发展和改革委员会/A003	许可证号		合同号	G10814CNNJS41C33
经营单位/代码	南京中电熊猫平板显示科技有限公司/3201938061		成交方式	CIF	
运费			保险费		
项目性质	N		进（出）口岸	南京海关	
货物是否已向海关申报进口	否		有效日期	2015 年 6 月 14 日	

序号	商品编码	商品名称	规格型号	法定数量	法定计量单位	申报数量	申报计量单位	金额	币制	原产地
1		尾气处理系统（CVD用）	用途:燃烧分解化学气相沉积装置产生的特殊气体 品牌:EDWARDS 型号:NEPTUNE 1-INLET 工作原理:利用温度变化处理特殊气体	3	台	3	台	751200	USD	
备注		第1项商品对应发改外资确字【2014】012 号第二批清单第 33 项								

减免税申请人签章 2014 年 12 月 15 日	联系人： 电话：

单证 4–7

中华人民共和国海关进出口货物征免税证明

第 1 页　　共 1 页　　　　　　　　　　编号：Z23231405244

减免税申请人：南京中电熊猫平板显示科技有限公司 3201938061	征免性质/代码：鼓励项目/789	审批依据：总署税[2008]103 号公
发证日期：2014 年 12 月 23 日	有效期：　至　2015 年 06 月 23 日止	
到货口岸：南京海关	合同号：G10814CNNJS41C33	项目性质：外资项目内资商品

序号	货名	规格	税号	数量	单位	金额	币制	主管海关审批征免意见		
								关 税	增值税	其它
1	尾气处理系统（CVD 用）/: EDWARDS;	NEPTUNE		3.00	台	751200.00	USD	0%	17%	
2	<以下空白>									

备注：第 1 项商品对应发改外资确字【2014】012 号第二批清单第 33 项 用途：燃烧分解化学气相沉积装置产生的特殊气体

审批海关签章：	核放海关批注：	注意事项：
负责人： 年　月　日	负责人： 年　月　日	1. 本表使用一次性有效。如同一合同货物分口岸进口，应分别填写。一份合同内货物分批到货的，应向审批海关申明，并按到货期分填此表。 2. 表中“征免性质/代码”栏应按海关 H883(H2000)规范要求正确填写。 3. “审批依据”栏应由主管海关减免税审批部门填明批准减免税所依据的文件号。 4. 货物进口时应向海关交验本表，复印件无效。 5. 本表自签发之日起半年内有效，逾期应向原审批海关申请展期或退单。如遇政策调整，有效期应服从有关规定。 6. 经批准进口的货物如拟移作他用、转让或出售，原申请单位应事先报请原批准海关核准，并应按法补税，否则，海关将依法处理。

任务五　医疗用α射线检测仪申报

一、业务背景

上海市疾病预防控制中心委托上海亚美亚进出口贸易有限公司向海关申报进口一台医疗用α射线检测仪（9022.2100），用于本单位的科研项目。

二、作业要求

根据业务背景及随附单证，完成电子数据报关单录入及复核。

三、随附单证

本任务的随附单证见单证5-1至单证5-8。

单证 5-1

代理进口合同

甲方：上海市疾病预防控制中心　　　　　乙方：上海亚美进出口贸易有限公司

上海市疾病预防控制中心（以下简称甲方）和上海亚美进出口贸易有限公司（以下简称乙方）依据《中华人民共和国合同法》和其他有关法律的规定，关于医疗用α射线检测仪一台（套）的进口事宜，经友好协商，达成一致意见，签订本委托代理合同。

一、总则

1. 根据国家法律规定，双方建立委托代理关系，甲方愿意委托乙方为购买设备的代理，乙方同意接受这一委托。

2. 双方应密切配合，分工协作，共同完成进口项目和本委托代理合同约定的工作。

3. 双方应认真遵守和执行国家的相关法律、条例和政策。

二、甲方负责确定以上进口设备的国外供应商及有关技术、工程问题、技术谈判并对此负责。乙方负责该进口项目商务谈判，拟定合同文本并经甲方确认，严格按照合同条款执行且对此负责。

三、本《代理进口合同》中所要求进口的货物规格、数量与进口合同“2012YMY-C175”所规定的完全一致，其合同条款已经由甲方确认，具有法律效力。

四、甲方必须在合同规定的时间内落实进口项目所需的人民币或外汇，如果甲方延迟付款，延迟开立信用证，产生利息及延迟交货将由甲方承担；如果乙方原因造成的延迟付款，乙方承担由此引起的直接损失。

五、乙方负责对外执行进口合同，拟定、审核信用证条款，办理对外开证、对内结算等有关事宜。

六、乙方负责货物的进口报关、国内运输、运输保险等手续，负责将进口货物运抵甲方指定地点。

七、乙方负责货物的商检工作，货至目的地后与甲方一起清点每批货物，乙方负责及时将货物的短缺、坏损情况，在当天用传真通知国外卖方，履行对外合同的责任与义务。在甲方提供报关条件后，乙方将根据国家有关政策协助甲方办理相关进口手续。

八、价款条款

1. 本代理合同总金额按实际成交价格确立。

2. 总费用包括在执行本合同过程中产生的一切费用，如合同货款、银行开证费、商检、运保费、港区杂费及乙方的劳务费等与合同相关的所有费用。

3. 所有货款验收后付至乙方指定账户。

九、乙方要认真执行进口合同，及时向甲方通报进口合同执行情况，及时向甲方报告执行过程中可能出现的问题。

十、乙方负责办理注册合同生效，办理外汇核销。

十一、合同执行完毕后，乙方提供完整的财务手续。

十二、乙方负责处理进口合同执行过程中的诉讼和仲裁事宜，本合同第八条规定的费用不包括诉讼和仲裁所需的费用；在执行进口合同过程中如果发生合同纠纷须通过仲裁机构或法院解决时，甲方将与乙方另签仲裁或代理协议后，支持乙方进行仲裁或诉讼活动，其费用由甲方负责；无论是否签订仲裁或诉讼代理协议书，由仲裁裁决或法院判决所产生的权利或义务均由甲方享有或双方协商；双方如有异议，且协商不成，须提交上海仲裁委员会仲裁。

十三、甲乙双方均应认真履行本代理合同，由于任何一方过错使本合同不能履行，造成其他后果的，由过错方承担责任。如属双方过错，则根据各自过错程度承担相应的责任。

十四、甲乙双方有关执行本代理合同的所有往来联系以正式书面文件为准，条件不允许应由电话联系，但事后须用书面确认。本代理合同的任何联系，应先用电话联系，以书面形式确认，并经双方签字盖章方可视为有效。

十五、由于不可抗力造成本代理合同不能履行时，甲乙双方均不承担责任，由此所造成任何一方的损失，则由损失方自理。

十六、甲乙双方同意，在执行本代理合同过程中所发生的一切争议，应先进行协商解决，协商不成时，任何一方都可以诉诸至人民法院解决。

十七、本合同一式二份，双方各执一份。

甲方：上海市疾病预防控制中心　　　　乙方：上海亚美进出口贸易有限公司

年　月　日　　　　　　　　　　　　年　月　日

单证 5-2

PURCHASE CONTRACT

Contract No.：2012YMY-C175 Signing Date：MAY 31，2012
Signing Place：SHANGHAI，CHINA
买方：上海亚美进出口贸易有限公司
地址：上海市闵行经济技术开发区天波路 19 号天怡国际商务中心 B 座二层
The BUYER：AHYMY IMP. & EXP. TRADING CO.，LTD.

The SELLER：HITACHINIGH-TECHNOLOGIES CORPORATION
ADD：24-14 NISHI-SHIMBASHI，I-CHOMEMINATO-KU. TOKYO 105-8717 JAPAN
TEL： FAX：

最终用户：上海市疾病预防控制中心

兹经买卖双方同意，按下述条款由买方购进、卖方售出以下商品：

This Contract is made by and between the Buyers and the Sellers，whereby the Buyers agree to buy and the Sellers agree to sell the under-mentioned goods subject to the terms and conditions stipulated below.

1. 货名及规格	数量	总价
Commodity and specification	Quantity	Total price
MEDICAL α-RAY DETECTOR	ONE SET	USD39000.00
（医疗用 α 射线检测仪）		
MODEL：7020		

TOTAL AMOUNT：SAY U.S. DOLLARS THIRTY NINE THOUSAND ONLY

2. 生产国别及制造厂商

Country of Origin and Manufacturers：HITACHINIGH-TECHNOLOGIES CORPORATION，JAPAN

3. 包装

装在适于长途的标准出口箱内，能适合气候变化，防湿、防潮、抗震、防锈及防粗鲁搬运。卖方负责赔偿因包装不良以及在包装方面因卖方采取了不当或不良保护措施而产生的任何商品损坏，并负担有关费用。

PACKING：To be packed in standard export packing suitable for long distance ocean freight transportation and to change of climate，well protected against moisture shocks，rust and rough handling. The Sellers shall be liable for any damage to the commodity and expenses incurred on account of improper packing and for any rust attributable to inadequate or improper protective measures taken by the Sellers in regard to the packing.

4. 唛头：卖方须以不退色的油漆在每件货物箱表面刷上件号、毛重、净重、尺码，起吊位置注“勿使受潮”“小心轻放”等字样及下列唛头：

2012YMY-C175
SHANGHAI，P.R. CHINA

SHIPPING MARK: The Sellers shall mark on each package with fadeless paint the package number, gross weight, net weight, measurement, the wording in the lifting position: "KEEP AWAY FROM MOISTURE", "HANDLE WITH CARE" etc. and the shipping mark:

2012YMY-C175
SHANGHAI, P. R. CHINA

5. 装运期限	收到买方开出的不可撤销即期信用证后 60 天内装运。
TIME OF SHIPMENT	The above goods will be shipped within 60 days after receipt of the L/C.
6. 装船口岸	日本主要港口
PORT OF SHIPMENT	MAIN PORTS IN JAPAN
7. 到货口岸	中国，上海
PORT OF SHIPMENT	SHANGHAI, P. R, CHINA

The Buyers:	The Sellers:
AHYMY IMP. & EXP. TRADING CO., LTD.	HITACHI HIGH-TECHNOLOGIES CORPORATION

单证 5–3

INVOICE

Hitachi High-Technologies Corporation 24-14, 24-14,Nishi-shimbnshi I-ehome,Minato ku,Tokyo 105 8717, JAPAN Tel: Fax:	Invoice No. 336053M Date Jun.10, 2012
Sold by Order for Account and Risk of Messrs LOCATION B 2F, NO.19 TIAN BO ROAD. TIAN YI INTERNATIONAL BUSINESS CENTRE MINGHANG ECONOMIC & TECHNOLOGICAL DEVELOPMENT ZONE, SHANGHAI, CHINA TEL: FAX: P.C: 200245	Special Conditions License No:
From Via YOKOHAMA JAPAN	Terms of payment L/C AT SIGHT Seller's Ref: 21F0-0-0972(3972)
To SHANGHAI P.R. CHINA	Buyer's Ref: 2012YMY-C175

Marks & Nos.	Description	Quantity	Unit Price	Total Amount
2012YMY-C175 SHANGHAI, P.R. CHINA C/NO.1 MADE IN JAPAN	α-RAY INSPECTOR 7020	1 SET	CIF SHANGHAI, P.R. CHINA USD39,000.00	 USD39,000.00
	Total:	1 SET		USD39,000.00

L/C NO,I.C580110000028

COUNTRY OF ORIGIN: JAPAN

*CONTRACT NO: 2012YMY-C175

*PACKING: STANDARD EXPORT PACKING SUITABLE FOR LONG DISTANCE OCEAN TRANSPORTATION.

*CARGO ORIGIN: HITACHI HIGH-TECHNOLOGIES COPPORATION, JAPAN

**P.C:230088

(ECN A10086)

Hitachi High-Technologies Corporation

单证 5-4

PACKING LIST

<table>
<tr><td colspan="4">Hitachi High-Technologies Corporation
24-14, 24-14,Nishi-shimbnshi I-ehome, Minato ku, Tokyo
105 8717, JAPAN
Tel: Fax:</td><td colspan="3">Invoice No. 336053M
Date Jun.10, 2012</td></tr>
<tr><td colspan="4" rowspan="2">Sold by Order for Account and Risk of
Messrs
LOCATION B 2F NO.19 TIAN BO ROAD.TIAN YI INTERNATIONAL BUSINESS CENTRE MINGHANG ECONOMIC & TECHNOLOGICAL DEVELOPMENT ZONE, SHANGHAI, CHINA
TEL:
FAX: P.C: 200245</td><td colspan="3">Special Conditions</td></tr>
<tr><td colspan="3">License No:</td></tr>
<tr><td colspan="4" rowspan="2">From Via
YOKOHAMA JAPAN</td><td colspan="3">Terms of payment
L/C AT SIGHT</td></tr>
<tr><td colspan="3">Seller's Ref :
21F0-0-0972(3972)</td></tr>
<tr><td colspan="4">To
SHANGHAI P.R. CHINA</td><td colspan="3">Buyer's Ref:
2012YMY-C175</td></tr>
<tr><td colspan="4">Marks & Nos. Description
Quantity</td><td colspan="3" rowspan="3">ORIGINAL

Hitachi High-Technologies Corporation</td></tr>
<tr><td colspan="4">2012YMY-C175
SHANGHAI, P.R. CHINA
C/NO.1 α-RAY INSPECTOR 1
SET
MADE In JAPAN 7020</td></tr>
<tr><td colspan="4" rowspan="2">TOTAL 1
SET
L/C NO, I.C580110000028
COUNTRY OF ORIGIN: JAPAN
*CONTRACT NO: 2012YMY-C175
*PACKING: STANDARD EXPORT PACKING SUITABLE FOR LONG DISTANCE OCEAN TRANSPORTATION.
*CARGO ORIGIN: HITACHI HIGH-TECHNOLOGIES COPPORATION, JAPAN
**P.C:230088
(ECN A10086)</td></tr>
<tr><td colspan="3">P.P Manager Logistics Center</td></tr>
<tr><td rowspan="2">Number of Package</td><td rowspan="2">Quantity of Package</td><td colspan="2">Contents</td><td rowspan="2">Net Weight</td><td rowspan="2">Gross Weight</td><td rowspan="2">Measurement</td></tr>
<tr><td>Description of Goods</td><td>Quantity</td></tr>
<tr><td>1</td><td>1 CASE</td><td>Main BODY</td><td>1 SET</td><td>220.0 KGS</td><td>330.0 KGS</td><td>131*131*131cm
2.248091m³
2.248m³</td></tr>
<tr><td></td><td>1 CASE</td><td></td><td>1 SET</td><td>220.0 KGS</td><td>330.0 KGS</td><td></td></tr>
</table>

单证 5–5

Nippon Express

B/L Number :YOSZ45677784

Shipper HITACHI HIGH-TEGHNOLOIES CORPATION TOKYO JAPAN	Export Reference
Consignee To ORDER OF SHANGHAI PUDONG DEVELOPMENT BANK	Forwarding Agent-Reference 133119-4501784 YOSZ 4561793 **ORIGINAL**
Notify Party AHYMY IMP. AND EXP. TRADING CO., LTD LOCATION B 2F. NO.19 TIAN BO ROAD, TIAN YI INTERNATIONAL BUSINESS GENTRE.MINGHANG TEL: FAX: P.C: 200245	Point and Country of origin JAPAN Far cargo Release Contact NIPPON EXPRESS (SUZHOU)CO., LTD. NO.622 CHANGJIANG RD SUZHOU NEW DISTRICT. SUZHOU JIANGSU PROVINCE P.R OF CHINA 215011 PHONE:86512665-0899 FAX:86516665-0873

Pre-carriage by	Place of Receipt YOKOHAMA,CY	Routing of Transportation
Ocean Vessel /Voy. No SITC NAGOYA	Port of Loading YOKOHAMA JAPAN	
Port of Discharge SHANGHAI, P.R. CHINA	Place of Delivery SHANGHAI, CY	Final Destination (for the Merchants reference only)

Particulars Furnished by shipper

MARKS and NUMBER Container and Seal NO.	No. of Package on Containers	Description of package and good Type and kind of package or container	Gross Weight	Measurement
2012YMY-C175 .... SHANGHAI, P.R. CHINA C/NO.1 MADE IN JAPAN	1 CONTAINER 1 CASE	SHIPPERS LOAD&COUNT SAID TO CONTAIN MEDICAL α-RAY DETECTOR L/C NO. : LC580110000028 CONTRACT NO: 2012YMY-C175 INVOICE NO.: 336053M	330.00KGS	$2.248M^3$

CONTAINER NO TGHU0415982 SEAL NO SITJ683731 20 85 DRY FREIGHT PREPAID AS ARRANGED SAY ONE (1) CONTAINER ONLY

Freight & Charges	R/T	RATE Per	Prepaid	Collect
		FREIGHT PREPAID AS ARRANGED		

EX ,Rate JP¥88.8900	Prepaid at YOKOHAMA	Payable at	place of B/L ISSUE YOKOHAMA	DATED JUL12,2012
	TOTAL Prepaid in Yen	No. of original B(n)/L THREE(3)	IN WITNESS WHERED, THE NUMBER OF SIGN OF LOADINGHER ALT AT THE QUER TENOR AND DATE HAD SIGNED ARE OF ACCOMPLISHED,THE OTHER BE VOID. AS CARRIER NIPPON EXPRESS.CO,.LTD BY:	

LOADEN ON BOARD THE VESSEL
VESSEL:SITC NAGOYA DATE :JUL 12, 2012
PORT OF LOADING :YOKOHAMA JAPAN BY: ____________

单证 5-6

中外运上海分公司
COSCO SHANGHAI CO., LTD
提货单
DELIVERY ORDER

NO.034590

收货人：________________　　　　致：　外港　　　港区、场、站

地址：________________　　　　下列货物已办妥手续，运费结清，准予交付收货人。

收货人开户银行账号				
船名 SITC NAGOYA	船次 278W	启运港 YOKOHAMA		目的地 SHANGHAI
提单号 YOSZ4567784	交付条款 CFS-CFS	到付海运费		合同号 2012YMY-C175
卸货地点 SHANGHAI	抵港日期 JUN.20.12	进库场日期		第一程运输
货　名	α 射线检测仪	集装箱号/铅封号		
集装箱数	1*20GP			
件数	1			
重量	330KGS	TGHU0415982		
体积	2.248 M^3			
标志				

请核对放货。

年　月　日

凡属于法定检验、检疫的进出口商品，必须向有关监督机构申报。

收货人章	海关章		
1	2	3	4
5	6	7	8

单证 5-7

中华人民共和国出入境检验检疫
入境货物通关单

编号：310900112006802000

<table>
<tr><td colspan="3">1. 收货人
上海市疾病预防控制中心</td><td rowspan="3">5. 标记及号码
N/M</td></tr>
<tr><td colspan="3">2. 发货人
***
***</td></tr>
<tr><td>3. 合同/提（运）单号
2012YMY-C175/YOSZ4567784</td><td colspan="2">4. 输出国家或地区</td></tr>
<tr><td>6. 运输工具名称及号码
船舶　***</td><td colspan="2">7. 目的地
上海</td><td>8. 集装箱规格及数量
海运 20 尺普通 1 个</td></tr>
<tr><td>9. 货物名称及规格
医疗用α射线检测仪
***
（以下空白）</td><td>10. H. S. 编码
***
（以下空白）</td><td>11. 申报总值
*39000 美元
***
（以下空白）</td><td>12. 数/重量、包装数量及种类
*1 台
***
（以下空白）</td></tr>
<tr><td colspan="4">13. 证明
上述货物业已报检/申报，请海关予以放行。
本通关单有效期至　　年　　月　　日
签字：　　　　日期：　　年　　月　　日</td></tr>
<tr><td colspan="4">14. 备注</td></tr>
</table>

[2-2（2000. 1. 1）]　　①货物通关

单证 5-8

进出口货物征免税证明

编号：Z33101000850

申请单位：上海市疾病预防控制中心		征免性质/代码：						审批依据：联发 45 号令		
发证日期：2012 年 06 月 08 日		有效期： 至 2012 年 12 月 07 日止								
到货口岸：上海海关		合同号：2012YMY-C175								
序号	货名	规格	税号	数量	单位	金额	币制	主营海关审批征免意见		
								关税	增值税	其他
1	医疗用α射线检测仪/7220			1.00	台	39000.00	USD	全免	全免	
2	<以下空白>									
3										
5										
备注										
审批海关签章： 负责人： 年 月 日			核收海关批准： 负责人： 年 月 日							

任务六　在线锡膏检查仪申报

一、业务背景

捷普电子（广州）有限公司持相关单证向黄埔开发区海关申报进口在线锡膏检查仪（9031.8090）。

二、作业要求

根据业务背景及随附单证，完成电子数据报关单录入及复核。

三、随附单证

本任务的随附单证见单证 6-1 至单证 6-4。

单证 6-1

设备租赁合同
Equipment Lease Contract

合同编号［JABIL20100709］
Contract No.：［JABIL20100709］

Koh Young
aSPIre2

DESCRIPYION	QTY	UNIT PRICE	AMOUNT
KOH YOUNG 3D In-Line3		US11，120	US33360

Solder Paste Inspection
Systems For
Ental machine
Ental fee/per set/per mouth
Model aSPIre2
甲方：捷普电子（广州）有限公司
Party A：Jabil Circuit（GuangZhou）Co.，Ltd
法定代表人 Legal Representative：CM Lee
地址 Address：中国广东省广州经济技术开发区骏成路 128 号
128，JunCheng Road，Guangzhou Economic and Technological Development District，Guangdong Province，PRC
邮政编码 Post Code：510530
电话号码 Tel：
传真号码 Fax：
具体联系人 Contact Person：KT Li/ Dehui Yang

乙方：佳力科技有限公司
Party B：Gallant Tech Limited
法定代表人 Legal Representative：DICK KAM
地址 Address：香港九龙官塘鸿图道 28 号 7 楼
7/F，No. 28，Hung To Road，Kwun Tong，Kowloon，Hong Kong
邮政编码 Post Code：
电话号码 Tel：
传真号码 Fax：
具体联系人 Contact Person：DICK KAM

This Equipment Lease Contract（hereinafter referred to as the "Contract"）is entered into by and between the following parties in Shenzhen：

本设备租赁合同（以下简称"本合同"）由以上双方在深圳共同签署。

单证 6–2

佳力科技有限公司
Gallant Tech Limited

7/F, No.28 Hung To Road,Kwun Tong,Kowloon,Hong Kong

PROFORMA INVOICE

Tel:
Fax:

INVOICE NO.	DATE	CONTRACT NO.	SHIPPED VIA	PORT OF LOADING
G100077/1	20/04/10	JABIL20100709	BY SEA	HONGKONG

CUSTOMER	SHIPPED TO:

TERMS OF SALES	TREM OF PAYMENT	FREIGHT
FOB HONGKONG	NET **30** DAYS	USD423.08

ITEM	DESCRIPTION	QUANTITY	UNIT PRICE	DISCONT	AMOUNT
1	KOHYOUNGKY-aSPIre	1 SET	USD 139,000.00		USD 139,000.00
	TOTAL AMOUNT TO BE PAID:				139,000.00
	TOTAL IN US DOLLARS ONE HUNDRED THIRTY NINE THOUSAND ONIY***				
	REMARKS: -COUNTRY OF ORIOGIN: KOREA -FOR CUSTOMS PURPOSE ONLY****				

单证 6-3

PACKING LIST

<table>
<tr><td colspan="2" rowspan="2">shipper/exporter
Gallant Tech Limited</td><td colspan="4">No. & date of invoice
G100077/1</td></tr>
<tr><td colspan="4">No.& date of L/C</td></tr>
<tr><td colspan="2">For Account & Risk of Messers
Jabil Circuit (GUANGZHOU) Co.,Ltd</td><td colspan="4">L/C issuing bank</td></tr>
<tr><td>Norty party</td><td>Final destination</td><td colspan="4" rowspan="2">REMARKS</td></tr>
<tr><td>port of loading
HONGKONG</td><td>Seailing on or date
20/04/10</td></tr>
<tr><td>C/T Numbers</td><td>description of goods</td><td>Q"TY</td><td>Net W/T
KG</td><td>Gross W/T
KG</td><td>C B M
M3</td></tr>
<tr><td></td><td>KOHYOUNGKY-aSPIre</td><td>1 SET</td><td>1750 kg</td><td>1750 kg</td><td></td></tr>
<tr><td colspan="6">TOTAL :

集装箱数量:</td></tr>
</table>

单证 6-4

通关作业三级审批表

编号：开发办通 2010（001）号

<table>
<tr><td colspan="2">经营单位：捷普电子（广州）有限公司　　　　报关单号：</td></tr>
<tr><td colspan="2">申请事由：我司需进口“在线锡膏检查仪”1台，报关单号为080053757，规格型号为：KO-HYOUNGKY-aSPIre，品牌为：KOH YOUNG。租赁期限为3个月（2010年4月26日起至2010年7月25日），该设备价值USD139000.00，我司与客户签订的租金为USD33360.00。现我司愿意缴纳保证金及有关租赁税金，并保证在海关规定期限内返还出境。

日期：2010-04-26</td></tr>
<tr><td>进办初审意见</td><td>拟同意该设备以××××贸易方式办理相关通关手续。当否，请领导审批。</td></tr>
<tr><td>主管科长审批</td><td>拟同意，报关长审批。</td></tr>
<tr><td>主管关长审批</td><td>同意。</td></tr>
<tr><td>报关情况</td><td></td></tr>
<tr><td>备注</td><td></td></tr>
</table>

任务七 循环使用塑料小托盘申报

一、业务背景

皮姆西科技实业（上海）有限公司向海关提出有关“塑料小托盘”（3923.9000）进出口通关申请。

二、作业要求

根据业务背景及随附单证，完成电子数据报关单录入及复核。

三、随附单证

本任务的随附单证见单证 7-1 至单证 7-5。

单证 7–1

PMC Science-Tech, Industries (SHANGHAI) Co.,Ltd
Address:299 kaiyuan.Road, jiangning, SHANGHAI, 211100, China
Tel: Fax:

Free Agreement

Supplied by:
发货人：
PSC Office Products
NO:S122204-PSC1
7 Founders Bivd Suite E
DATE:10-DEC-14
EL Paso, TX 79906
Sold to/Consignee:
收货人：
PMC Science-Tech, Industries (SHANGHAI) Co.,Ltd
Attention:Kwella Ge
299 kaiyuan.Road, jiangning, SAHNGHAI, 211100, China
PH.862557928777 ext.9700
Delivery term:CIF Nanjing
成交方式：CIF Nanjing
Time of shipment :Before the date of Aug.26th, 2015
装运期限：不迟于 2015 年 8 月 25 日
Payment term: free of charge
付款条件：免费
Packing: TO be export standard packing suitable for long-distance ocean and land transportation and able to withstand the change of climate, well protected against dampness, moisture shocks, rust and rough handing.
包装：标准出口包装，适宜远洋运输和陆地运输，可经受天气变化带来的危害，有效防潮、防锈和防粗暴搬运。

Pos.	Description 品名描述	Article No. 货号	Qty 数量	Unit 单位	Price/PCS（USD）单价	Amount（USD）总值
1	Plastic Trays 塑料小托盘		72000	Pcs	0.09	6480.00
Total US Dollars						6480.00

Remarks:Free charge to PMC using. The goods will returned to USA within six months.
备注：免费提供给 PMC 使用，货物在六个月内返回美国。

Buyer :
PMC Science-Tech, Industries (SHANGHAI) Co.,Ltd
CHINA

Shipper:
PSC Office Products
USA

单证 7-2

INVOICE

International Tracking No:			Carrier:EPLOGISTICS				
Exportation date: 4-FEB-15			Invoice No:S122204-PSC1				
SHIPPER PSC OFFICE PRODUCTS C/O EP LOGISTICS LLC 9640 JOE RODRIGUEZ SUIFE 1 EL PASO, TX 79927 USA S2-245232100			CONSIGNEE PMC SCIENCE-TECH INDUSTRIES 9SHANGHAI CO.,LTD 299 KAI YUAN RD JIANGNING, SHANGHAI CHINA 211199 ATTN:ELLAN CHEN PH. ××× EXT 9605				
Country of Export: US			Order Number: S122204PSC1				
Country of Origin US			Customer PO:				
Country of Destination CN			Reference No. ELLEN CHEN				
Item Number	Description	Quantity	Net weight (KGS)	Gross Weight (KGS)	Volume	Price	Net price
N/M	EMPITY PLASTIC TRAYS	72000	6,120.00	6,675.00	40"×48"X80"	40 PALLETS 0.09	$ 6,480.00
Totals		72000	6,120.00	6,675.00		40 PALLETS 0.09	$ 6,480.00

We cortify that this invoice is true and correct , The values in this invoice are in US DOLLARS

单证 7–3

PACKING LIST

International Tracking No:	Carrier:EPLODISTICS
Exportation date: 4-FEB-15	Invoice No:S122204-PSC1
SHIPPER PSC OFFICE PRODUCTS C/O EP LOGISTICS LLC 9640 JOE RODRIGUEZ SUIFE 1 EL PASO, TX 79927 USA S2-245232100	CONSIGNEE PMC SCIENCE-TECH INDUSTRIES 9SAHNGAHI CO.,LTD 299 KAI YUAN RD JIANGNING, SHANGHAI CHINA 211199 ATTN:ELLAN CHEN PH.××× EXT 9605
Country of Export: US	Order Number: S122204PSC1
Country ofOrigin US	Customer PO:
Country ofDestination CN	Reference No. ELLEN CHEN

Item Number	Description	Quantity	Net weight (KGS)	GrossWeight (KGS)	Volume		Price	Net price
N/M	EMPITY PLASTIC TRAYS CIF NANJING	72000	6,120.00	6,675.00	40 PALLETS	40'X48'X80'	0.09	$ 6,480.00
Totals		72000	6,120.00	6,675.00	40 PALLETS		0.09	$ 6,480.00

VALUE

We cortify that this invoice is true and correct , The values in this invoice are in: US DOLLARS.

单证 7-4

EVERGREEN LINE BILL OF LADING

2）Shipper Exporter EP LOGISTICS LLC 9601 PAN ANERICAN DR EL PASO TX 79927 UNITED STATES CONTACT：MARIO VALTIERRA		5) Document No. 54142486 6) Export Reference SS5E00021830
3)Consignee (complete name and address) PMC SCIENCE-TECH INDUSTRIES (SHANGHAI) CO.,LTD 299 KAI YUAN RD JIANGNING, SHANGHAI. 211100 CHINA CONTACT: ELLEN CHEN		7) Forwarding Agent –References (Name/ Address/FMC) NIL
4)Notify party (complete name and address) PMC SCIENCE-TECH INDUSTRIES (SHANGHAI) CO.,LTD 299 KAI YUAN RD JIANGNING, SHANGHAI. 211100 CHINA CONTACT: ELLEN CHEN		8) Point and Country of Origin (for the Merchant's Reference only) 9) Also Notify party (complete name and address)
12)Precarriage by	13)Place of receipt/Dated SANTA TERESA ,NM	10)Onward inland Routing/Export instruction (which are contactedseparately by Merchants contently for their own account and risks)
14)OceanVessel/Voy.No. ITAL CONTESSA 0629-060W	16)Port of loading LOS ANGELES	
16)Port of Discharge NANJING, CHINA	17）Place of Deliver NANJING,CHINA	

Particular furnished by the Merchant

18)Container NoAnd Seal No.	19)Quantity And Kind of package	20)Description of Goods	21) Measurement (M²) Gross weight (KGS)
CONTAINER NO/SEAL NO. GATU8714050/INT1434043/313614/ PMC SCIENCE TECH /EP LOGISTICS, LLC MD500011 22)TOTAL NUMBER OF CONTAINERS OR PACKAGES (IN WORDS)	SAYTOTAL:1X40 HC ONLY	NOEEI 30.37(E) 1X40'HC CONTAINER 40 PALLET(S) 72，000PCS, EMPTY PLASTICS TRAYS SHIPMENT UNDER I-BOND ,412，245，794 ITN:QP01 TE 412，245，794 CONSOL PEF:C00001333 THIS COMMODITIES, TECHNOLOGY AND SOFIMARS, WERS EXPORTKD FORM THE URITEDSTATES STATES IN ACCORDANCE WITH THE EXPORT ADMINISTRATION REGULATIONS, DIVERSIONS, DIVERSION CONTRARY CONTRARY TO U.S LAW PROHIBITED	6,675.000KGS 62，8000CBM *OCENAN FREIGHT PREPAID * SHIPPER'S LOAD & COUNT 40 PALLETS

24)FREIGHT&CHARGES	Revenue Tons	Rate pet	prepaid	Collect
25）B/L NO. EGLV 415541424860	27) Number of Original B(S)/L THREE （3）		29) prepaid at DALLAS, TX	30) Collect at
	28) Place of B（s）/L Issue/Dated DALLAS，TX FEB.26,2015		31) Exchange Rate	32) Exchange Rate

25) B/L NO. EGLV 415541424860 26) Service Type/Mode FCL/FCL R/O	33) Laden on Board FEB.26,2015 ITAL CONTESSA 0625-060W LOS ANGELES, CA	Shipment not on board yet, vessel subject to change, please return any amendment request and B/L release instruction prior to BL release subject to payment terms are satisfied.

单证 7-5

皮姆西科技实业（上海）有限公司

PMC Science-Tech. Industries（SHANGHAI）Co. , Ltd.

地址：南京市江宁区开源路 299 号　电话：　　　　传真：

情况说明

致金陵海关：

我公司于 2015 年 4 月从美国进口一票货物，品名为塑料小托盘，共计 72000 个，货物金额 6480USD，此塑料小托盘为我公司出口产品（打印机零件——刮刀）的包装辅材，因该托盘作为包装容器可以循环使用，为节约成本，我公司现申请以××××××× 监管方式报关，并保证在半年内复出口，以上情况完全属实，望贵关批准为盼！

特此说明。

皮姆西科技实业（上海）有限公司

2015-04-02

任务八 大理石申报

一、业务背景

平野石材（南京）有限公司需要办理大理石（2515.1200）通关手续。

二、作业要求

根据业务背景及随附单证，完成电子数据报关单录入及复核。

三、随附单证

本任务的随附单证见单证 8-1 至单证 8-7。

单证 8-1

平野石材（南京）有限公司

PINGYE STONE [NANJING] CO.,LTD

Purchase Confirmation

P/O Number:YT03/08/10
Date:2010-08-12

Seller:

2E MADENCILIK NAKLIYAT PAZARLAMA SAN. VE TIC. LTD. STI.
UCEVLER MAH. AHISKA CAD. CETINKAYA SIT.
A BLOK NO. 203K. D.3 NILUFER/BURSA
TEL: FAX:

Description of Order:

MARBLE BLOCKS
3000 TONS OF GOLD BEIGE MRBLE BLOCKS AT USD200.00/TON
CIF NANJING
TOTAL AMOUNT USD 600,000.00
Remarks:

Purchase Terms:

a. **Transshipments:** ALLOWED
b. **Partial Shipments:** ALLOWED
c. **Latest Shipment :**2010-12-16
d. **Port of Loading:** ANY PORT OF TURKEY
e. **Port of Final Destination:** Any port of China
f. **Payments:** Payment at SIGHT by irrevocable letter of credits opened in favor of Seller.
g. **Document:**
   - Full set of 3/3 Original Shipped On Board Ocean Bills of Lading marked freight collect.
   - Commercial Invoices in 5 copies
   - Detailed Packing List in 5 copies
   - Shipment Advice
   - Certificate of Origin in 2 copies

h. Both quantity and amount 10 % more or less are allowed.

For and on Behalf of PINGYE STONE [NANJING] CO.,LTD.	For and on Behalf of
------------------------------------ Date	------------------------------------ Date

单证 8-2

MADENCILIK

NAKLIYAT PAZARLAMA SAN. VE TIC. LTD. STI

DATE: 8.01.2011
LC NO: LC45A1002710
P/O NO: YT03/08/10

COMMERCIAL INVOICE

PINGYE STONE (NANJING) CO.,LTD.

DESCRIPTION	QUANTITY (M/TON)	UNIT PRICE (USD/MT)	AMOUNT (USD)
GOLD BELGE MARBLE BLOCKS TOTAL PACKING:1 CONTAINERS	24.7 TONS	USD200.00/MT	$4940
TOTAL	24.7 TONS		$4940

(Only FOUR THOUSAND NINE HUNDRED AND FORTH US dollars)

PAYMENT TERMS: L/C AT SIGHT
BANK NAME: GARANTIBANK A. S.
BRANCH: BESEVLER KSS
SWIFT CODE: TGBATRISXXX
BRANCH CODE: 526
ACCOUNT NO.-USD: 9086844
IBAN NO: TR89 0006 2000 5260 0009 0868 44
TOLERANCE: -/+10% in QUANTITY and AMOUNT
SHIPPING TERM: CIF NANJING
COUNTRY OF ORIGIN: TURKEY REPUBLIC

单证 8-3

MADENCILIK NAKLIYAT PAZARLAMA SAN. VE TIC. LTD.

PACKING LIST

NO OF CNT NRS	QUAN PCS	BLOCK	SIZES	DESCIPTION OF GOODS	CONTAINER NO	GROSS WEIGHT OF BLOCK (MT)	NET WEIGHT OF BLOCK (MT)	NET WEIGHT OF CNTNRS (MT)	M^3
1	9	BC-S-9	229×144×135	GOLD BELGE MARBLE BLOCKS	ZIMU 119271-4	11.250	11.250	24.700	4，45
	10	BC-T-29	178×133×94			6.050	6.050		2，23
	11	BC-S-16	155×92×113			4.300	4.300		1，61
	12	BC-S-25	120×89×98			3.100	3.100		1，05
TOTAL						24.7	24.7	24.7	9.340

*SHIPMENT IS EFECTED BY WOODEN CRATES
**SHIPMENT IS EFFECED BY CONTAINERS

单证 8–4

BILL OF LADING **ZIM Integrated Shipping Service Ltd.** **ZIM CONTAINER SERVICE**

SHIPPER/EXPORTER (NAME&ADDRESS) **MESCO INTERNATIONAL FORWARDING CO., LTD.** **TEL: FAX:** **VAT:**	BOOKING NO. IST083882/1	BILL OF LADING NO/ ZIMUIST1119387
	EXPORT REFERENGES **NOTNEGOTIABLE SEAWAY BILL**	
CONSIGNEE (NAME&ADDRESS) **PINGYE FOREIGN TRANSPORTATION CORP LTD. OF SHANTOU S.E.Z.NANJING** (B/L NOT NEGOTIABLE UNLESS CONSIGNED TO ORDER)	FORWARDING AGENT FMC.NO	
	POINT AND COUNTRY OF ORIGIN (FOB MERCHANTS REFEERNCE ONLY)	
NOTIEY (NAME&ADDRESS) **PINGYE FOREIGN TRANSPORTATION CORP LTD. OF SHANTOU S.E.Z.NANJING**	REMARKS/EXPORT OR OTHER INSTRUCTIONS **SHIPPED ON BOARD 08/01/2011** **TEL: FAX:**	

INITIAL CARRIAGE BY MODE	PIACE OF RECEIPT OF GOODS (IF CONTRACTED FOB)	
LOADING VESSEL VOY **ZIM JAMAICA/53W**	PORT OF LOADING **GEMLIK**	
PORT OF DESTINATION **SHENZHEN-DACHAN BAY**	FINAL DESTINAION (IF CONTRACTED FOR)	FURTHER ROUTING (AT MERCHANT'S EXPENSE,RISK AND RESPONSIBILITY)

PARTICULARS AS FURNISHED BY SHIPPER

MKS&NOS/CONT.NOS	DESCRIPTION OF GOODS	WEIGHT	MEASUREMENT
	AS PER ATTACHED LIST **1CONT TOT. TARE:23,300 CARGO W:**TOTAL	**KGS** 24,700.00	**M^3** 9.340

DETAILS	RATE		FREIGHT	
	PER	AMOUNT	PREPAID	COLLECT
ADVAL OREM FREIGHT				
MERCHANT'S DECLARED VALUE OF GOODS IF MERCHANT ENTERS A VALUE，CARRIERA PACKAGES LIMITATION OF ABILITY SHALL NOT APPLY AND AD VALOREM FREIGHT WILL BE CHARGED (SEE CLAUSE 23)		TOTAL		

CLAUSES AS PER ATT.LIST	IN WITNESS where of Master or Agent of the aid vessel has signed; the number of original Bill of Lading stated below. All of all of this tenor and date, If this Bill of lading is consigned to order, one shall be surrendered before delivery and the other to stand void.	
	FREIGHT PAYABL AT **SHENZHEN-DA CHAN BAY**	No.: ORIGINAL B/L ISSUED
	PLACE AND DATE OF ISSUE **ISTANBUL on 08/01/2011**	
The Merchant's attention is drawn to the fact that the terms of the Bill of Lading are continued on reverse side here of and include limitations of ability. In respect lost or damage to the goods and delay. The package limitation mentioned in Clause 23 will not be Applicable in the event that contents carefully. Declared, itemized, valued by the Merchant prior to loading and Ad Valorem Freight is paid or contracted for. Goods carried in containers are carried in accordance with and subject to Carrier's container relay service (see CL.1 overleaf) and Carrier's Containers Rules and Tariffs (see Clauses 10.11.12 & 19 overleaf)		

单证 8-5

深圳运星国际船务代理有限公司
Shanghai SINO-STAR International Shipping Agency Shenzhen Branch
提货单
DELIVERY ORDERY

致：<u>ZIM</u>港区、场、站

收货人/通知人：<u>TO ORDER /平野石材（南京）有限公司</u>

<table>
<tr><td>船名 ZIM JAMAICA
以星牙买加</td><td>航次
53W</td><td colspan="2">起运港
GEMLIK</td><td colspan="2">目的港
大铲湾</td><td>船舶预计到港时间</td></tr>
<tr><td>提单号
ZIMU/ST1119387</td><td colspan="2">交付条款</td><td colspan="4">到付海运费</td></tr>
<tr><td>卸货地点
大铲湾</td><td>预/到达日期
2011-02-20</td><td colspan="3">进库场日期</td><td colspan="2">第一程运输</td></tr>
<tr><td>标记与集装箱</td><td>货名</td><td colspan="2">集装箱数</td><td>件数</td><td>重量(KGS)</td><td>体积（m³）</td></tr>
<tr><td>ZIMU1192714　20GP</td><td>大理石石块</td><td colspan="2"></td><td>29</td><td>G.W.</td><td>24700</td></tr>
<tr><td colspan="7">TOTAL:SEVEN(1×20′) CONTAINERS ONLY</td></tr>
<tr><td colspan="7">请核对并将货物放给下列收货人
凡属法定检验，检疫的进口商品，必须向有关监督机构申报。
深圳运星国际船务代理有限公司</td></tr>
<tr><td colspan="2">收货人全称 ________
电话、传真 ________
地址 ________
签章</td><td colspan="3">海关　1.</td><td colspan="2"></td></tr>
<tr><td>3.</td><td>4.</td><td colspan="3">5.</td><td colspan="2">6.</td></tr>
</table>

单证 8-6

退货协议

CARGO RETURN AGREEMENT

发货人： 2E MADENCILIK NAKLIAT PAZARLAMA SAN. VE TIC. LTD STI. (Short as 2E)
UCEVLER MAH. AHISKA CAD. CETINKAYA STT.
A BLOK NO.203 K. 2 D. 3 NILUFER/BURSA, TURKEY
TEL: FAX:

收货人：平野石材（南京）有限公司（简称平野）
PINGYE STONE (NANJING) CO., LTD. (Short as PINGYE)
BANTIAN, BUJI TOWN, LONG GANG
DISTRICT, SHANZHEN P.R. CHINA
TEL: FAX:

该协议由发货人 2E 和收货人 PINGYE 签订，双方同意按如下条款退运该协议提及的货物：
THIS AGREEMENT IS MADE BETWEEN SHIPPER 2E AND CONSIGNEE PINGYE, BOTH PARTY AGREE TO SHIP BACK THE CONTRACTED CARGO ACCRDING TO TERMS AND CONDITONS BELOW:

品名：大理石荒料 DESCRIPTION OF GOODS：MARBLE BLOCKS
数量：24.7 吨 QUANTITY：24.7TONS
货物原产地：土耳其 ORIGIN：TURKEY
提单号：MESIZM0000024 BL NO. ：ZIMUIST1119387
目的港：深圳大铲湾 DESTINATION PORT: DA CHAN WAN PORT, SHENZHEN, CHINA

上述货物于2011 年 2 月 19 日到港，经目的港商检局查检发现集装箱内携泥土，按照中国检验检疫相关规定，“境外泥土不得入内”，要求收货人安排货物退运。
THE ABOVE MENTIONED CARGO ARRIVED AT DA CHANWAN PORT ON 19TH FEB 2011，IT WAS FOUND BY CHINA INSPECTION AND QUARANTINE BUREAU OF DESTINATION PORT THAT ALL CONTAINERS COME WITH MUD INSIDE, WHICH IS FORBIDDEN BY RELATED STIPULATION OF CHINA.
货物买卖双方商量后同意中国商检局要求，将尽快安排退运事宜。
BOTH SHIPPER AND CONSIGNEE ARGEE TO RETURN THE CARGO AS REQUEST OF CHINA INSPECTION AND QUARANTINE BUREAU AND WILL ARRANGE RELATED PROCEDURE ASAP.

____________ _______________

SHIPPER: 2E MADENCILIK NAKLIYAT PAZARLAMA SAN. VE TIC. LTD.STI.

CONSIGNEE：PINGYE STONE (NANJING) CO., LTD.

单证 8-7

平野石材（南京）有限公司
PINGYE STONE（NANJING）CO.，LTD
Bantian Buji Town Longgang District Nanjing P. R. CHINA
Tel：　　　　　　　　Fax：

退运报告

大铲湾海关：

我司平野石材（南京）有限公司，1998 年成立，从事进口石材的生产和经营，注册资金港币 8500 万元，在龙岗区布吉坂田有自建的生产基地 75000 平方米。

我司 2011 年 2 月 19 日向贵关申报 1 个小柜的土耳其进口大理石石块，报关单号：进口提单号为 ZIMUIST0009387，货物毛重 24700KGS，货物因在商检局查验过程中发现货柜带有泥土，商检局要求进口货物作直接退运处理。

由此给贵关带来的工作麻烦，我司深感歉意！

此致

敬礼

平野石材（南京）有限公司
2011 年 03 月 07 日

项目三 报关单改错

XIANGMU SAN BAOGUANDAN GAICUO

任务九　窗帘导轨申报内容修改

一、业务背景

佛山捷瑞实业有限公司持相关单证向海关申报出口生产的窗帘导轨（8302.4100）（铁制、建筑用）。

二、作业要求

根据业务背景及随附单证，修改申报内容。

三、随附单证

本任务的随附单证见单证 9-1 至单证 9-6。

单证 9-1

代理报关委托书

编号：00229719427

我单位现 A（A. 逐票√　B. 长期）委托贵公司代理 H 等通关事宜。（A. 填单申报　B. 辅助查验　C. 垫缴税款　D. 办理海关证明联　E. 审批手册　F. 核销手册　G. 申办减免税手续　H. 其他√）详见《委托报关协议》。

我单位保证遵守《海关法》和国家有关法规，保证所提供的情况真实、完整、单货相符，无侵犯他人知识产权的行为。否则，愿承担相关法律责任。

本委托书有效期自签字之日起至××××年××月××日止。

委托方（盖章）：

法定代表人或其授权签署《代理报关委托书》的人（签字）

2014 年 6 月 23 日

委托报关协议

为明确委托报关具体事项和各自责任，双方经平等协商签定协议如下：

委托方	佛山捷瑞企业有限公司
主要货物名称	窗帘导轨
货物总价	64168. 34
进出口日期	××××年××月××日
提单号	COLU25485677702A
贸易方式	0615
原产地/货源地	44199
其他要求：	
背面所列通用条款是本协议不可分割的一部分，对本协议的签署构成了对背面通用条款的同意。	
委托方业务签章： 经办人签章： 联系电话： ××××年××月××日	

被委托方	挚联
报关单编码	No. 514246706
收到单证情况	合同☐发票☑
	装箱清单☑提（运单）☐
	加工贸易手册☐许可证件☐
	其他：
报关收费	人民币：　　　元
承诺说明：	
背面所列通用条款是本协议不可分割的一部分，对本协议的签署构成了对背面通用条款的同意。	
被委托方业务签章： 经办报关员签章： 联系电话： ××××年××月××日	

CCBA　（白联：海关留存，黄联：委托方留存，红联：委托方留存）　中国报关协会监制

单证 9-2

发票
INVOICE

买方 TO:CINTACOR S.A. USA

合同号 CINTRCT NO.:

唛头 SHIPPING MARK	货号、品名和数量 ARTICLE NO.DESCRIPTIONS AND QUANTITIES		单价 UNIT PRICE	总价 AMOUNT
A Division of *Newell Rubbermaid* PO#4501883982/4501938766	窗帘导轨 CM/建筑用/铁制/手动/品牌：Fullness 等	净重 KGS	FOB GUANG ZHOU 出口总值 TOTAL:HKD 64168.34	
	71-120	5259.70	12.20	64168.34
	TOTAL	5259.70		64168.34

单证 9–3

PACKING LIST

买方 TO:CINTACOR S.A. 合同号 CONTRACT No.:

唛头 SHIPPING MARK	货名 GOODS	箱号 No.	数量 SETS	箱数 CTNS	毛重 GW	净重 NW	体积 MEAS
A Division of *Newell Rubbermaid* PO#4501883982/ 4501938766	窗帘导轨 CM/建筑用/铁制/手动/品牌：Fullnes 等		SETS	CTNS	KGS	KGS	CBM
	71-120	1-276 1-169 257-686	5864	875	5671.70	5259.70	16.83
	TOTAL		5864	875	5671.70	5259.70	16.83

单证 9-4

通关手册

企业内部编号 47235T007	加工单位（4469947325） 佛山捷瑞实业有限公司	主管海关 太平海关	进口币制 港币	出口合同 201447325001	备案进口总额 66154979.2382
手册号 C52054450072	经营单位：（4469947325） 佛山捷瑞实业有限公司	成交方式 CIF	进口合同 201447325001	收货地区： 佛山	主管外经贸： 佛山市外经贸委
起抵地 香港	批准文号 1111	加工种类 其他	出口币制 港币	备案出口总额 8790800	台账银行 中国银行

附：货物清单

序号	商品名称	规格型号	计量单位	法定计量单位	申报数量	申报单价	申报总价	币制	产销地
1	窗帘导轨	71-120CM/建筑用/铁制/手动/品牌：Fullness 等	千克	千克	80000	12.20	976000	港币	台澎金马关税区
2	窗帘导轨	120-210CM/建筑用/铁制/手动/品牌：Fullness 等	千克	千克	200000	12.30	2460000	港币	台澎金马关税区
3	窗帘导轨	160-290CM/建筑用/铁制/手动/品牌：Fullness 等	千克	千克	170000	12.40	2108000	港币	台澎金马关税区
4	窗帘导轨	210-390CM/建筑用/铁制/手动/品牌：Fullness 等	千克	千克	80000	12.60	1008000	港币	台澎金马关税区
5	窗帘导轨	290-550CM/建筑用/铁制/手动/品牌：Fullness 等	千克	千克	45000	12.60	567000	港币	台澎金马关税区
6	窗帘导轨	1-1.9M/建筑用/不锈钢制/手动/品牌：Fullness 等	千克	千克	24000	27.60	662400	港币	台澎金马关税区
7	窗帘导轨	1.9-3.2M/建筑用/不锈钢制/手动/品牌：Fullness 等	千克	千克	12000	28.70	344400	港币	台澎金马关税区
8	窗帘导轨	3-5M/建筑用/不锈钢制/手动/品牌：Fullness 等	千克	千克	5000	29.30	146500	港币	台澎金马关税区
9	塑胶导轨	1.2-1.9M/建筑用/品牌：HOMEBASE 等	千克	千克	7000	17	119000	港币	台澎金马关税区
10	塑胶导轨	1.5-2.9M/建筑用/品牌：HOMEBASE 等	千克	千克	10000	17.20	172000	港币	台澎金马关税区
11	塑胶导轨	2.7-5M/建筑用/品牌：HOMEBASE 等	千克	千克	13000	17.50	227500	港币	台澎金马关税区

单证 9-5

订舱信息单

*集装箱号：TGHU1753768　　*码头：黄埔仓码

集装箱号：TGHU1753768　箱型：20GP　进口日期：×××××　办单否：未办单　堆位：
控箱公司：东方海外货柜航运中国有　箱自：　一程公司：　现场箱：Y　当前状态：重
场内/外：场内　是否扣箱：可出库　危险品箱：普通柜　残箱否：完好
船名：海隆 2 号 /140625000000（20
航次：海隆 2 号 /140625000000（20　海关仓单号：5730550010　目的港：香港
英文船名：HAI LONG 2 HAO　单号：OOLU25485677702A

*提单号：OOLU25485677702A　船公司提单号：OOLU25485677702A
*货名：窗帘导轨　*唛头/合同号：PO
*包装：CT/纸箱　*件数：875　体积：危险参数：
*毛重：20042　付款方式：到付　卸货条款：
*付货人：佛山捷瑞实业有限公司
通知人：　净重：
收货人：　生产工厂：
*托运日期：××××　*到达港：香港　货物统计编号：　LCL　贸易国别：
货物类型：一般货物　散柜/货柜：柜货状态：口-放行口-换单口-打印　[外部录入]

单证 9-6

报关单录入/申报(出口)——未暂存状态

申报地海关		操作员		单位		海关十位编码	

统一编号				预录入编号					
海关编号				出口口岸					
备案号【1】	C52054450072			合同协议号					
出口日期				申报日期					
收发货人									
生产销售单位									
申报单位									
运输方式【8】	公路运输	运输工具名称				航次号			
提运单号		监管方式【1】	进料深加工	征免性质【3】	进料加工	征税比例			
纳税单位		许可证号				运抵国（地区）【4】	中国香港		
指运港【2】	中国境内					成交方式【3】	C&F		
运费			保费			杂费			
件数【4】	1	包装种类		毛重（KG）		净重（KG）			
贸易国（地区）		集装箱号		随附单证			其他事项确认		
报关单类型			备注						

集装箱号	规格	自重（KG）

集装箱号	
集装箱规格	
自重（KG）	

代码	随附单证编号

序号	商品编号	备案序号	商品名称	规格	原产国（地区）	数量	单价	币制	总价	征免

商品序号		备案序号		商品编号			附加编号		
商品名称				规格型号					
成交数量【9】	5259.7	成交单位【10】	千克	成交单价		成交总价		币制【5】	美元
法定数量		法定单位【12】	千克	版本号		货号		最终目的国（地区）	
第二数量		第二单位		原产国（地区）		征免【6】	照章征税	工缴费	

随附单证代码	
随附单证编号	

关联报关单	
关联备案	
保税/监管场所	
货场代码	

任务十 绿豆申报内容修改

一、业务背景

北京挚联供应链管理有限公司（4401760030）委托广州市挚联报关报检有限公司进口绿豆（0713.3190），但因某个业务环节出现异常导致货物无法进口。

二、作业要求

根据业务背景及随附单证，修改申报内容。

三、随附单证

本任务的随附单证见单证 10-1 至单证 10-7。

单证 10-1

代理报关委托书

编号：00160054535

我单位现（A. 逐票√ B. 长期）委托贵公司代理 A 等通关事宜。（A. 填单申报√ B. 辅助查验 C. 垫缴税款 D. 办理海关证明联 E. 审批手册 F. 核销手册 G. 申办减免税手续 H. 其他）详见《委托报关协议》。

我单位保证遵守《海关法》和国家有关法规，保证所提供的情况真实、完整、单货相符，无侵犯他人知识产权的行为。否则，愿承担相关法律责任。

本委托书有效期自签字之日起至××××年××月××日止。

委托方（盖章）：

法定代表人或其授权签署《代理报关委托书》的人（签字）

××××年××月××日

委托报关协议

为明确委托报关具体事项和各自责任，双方经平等协商签订协议如下：

委托方	挚联供应链
主要货物名称	绿豆
货物总价	USD 37752. 75
进出口日期	××××年××月××日
提单号	RHKHP123226
贸易方式	×××××
原产地/货源地	×××××
其他要求：	
背面所列通用条款是本协议不可分割的一部分，对本协议的签署构成了对背面通用条款的同意。	
委托方业务签章： 经办人签章： 联系电话： ××××年××月××日	

被委托方	挚联
＊报关单编码	NO. 083012174
收到单证日期	年 月 日
收到单证情况	合同□发票☑
	装箱清单☑提（运单）□
	加工贸易手册□许可证件□
	其他
报关收费	人民币： 元
承诺说明：	
背面所列通用条款是本协议不可分割的一部分，对本协议的签署构成了对背面通用条款的同意。	
被委托方业务签章： 经办报关员签章： 联系电话： 2014 年 06 月 24 日	

CCBA （白联：海关留存，黄联：委托方留存，红联：委托方留存） 中国报关协会监制

单证 10-2

JC TRANS (HK) CO.,LTD
INVOICE

No.RB001/2012
Date:×××××

To:北京市挚联供应链管理有限公司
Add:北京保税区东江大道 300 号南方金信大厦首层

NOMENCLATURE DOUANIERE	ORIGIN	DESCRPTION OF GOODS	PACKAGE BAG	NET WEIGHT KGS	U.P/KG USD	AMOUNT USD
7133300	MADAGAS CAR	GREEN BEAN	2000	59925	0.63	37752.75
Total:					FOB	37752.75

TOTAL FOB:SAY USD THIRTY SEVEN THOUSAND SEVEN HUNDRED FIFTY TWO AND SEVENTY FIVE CENTS.
PAYMENT BY T/T BNI

PACKAGE 2000BALES
NET WEIGHT 59925.00KGS
GROSS WEIGHT 60000.00KGS

SIGNATURE：____________

单证 10-3

PACKING LIST

<table>
<tr><td colspan="2">Shipper/exporter

北京市挚联供应链管理有限公司</td><td colspan="4">No. & date of invoice

RB001/2012</td></tr>
<tr><td colspan="2"></td><td colspan="4">No.& date of L/C</td></tr>
<tr><td colspan="2">For Account & Risk of Messers

JC.TRANS (HK) CO.,LTD</td><td colspan="4">L/C issuing bank</td></tr>
<tr><td>Norty party

SAME AS ABOVE</td><td>Final destination

香港</td><td colspan="4" rowspan="2">REMARKS</td></tr>
<tr><td>Port of loading

广保通码头</td><td>Sealing on or date

×××××</td></tr>
<tr><td>C/T Numbers</td><td>decription of goods</td><td>Q"TY</td><td>Net W/T

KG</td><td>Gross W/T

KG</td><td>CBM

M³</td></tr>
<tr><td>RWSU2000228

RWSU2000531

RWSU000402</td><td>GREEN PEAN</td><td>2000 Plastic</td><td>59925kg</td><td>60000kg</td><td></td></tr>
<tr><td colspan="6">TOTAL:

集装箱数量： 3×20’</td></tr>
</table>

GUANG BAO TONG WAREHOUSE&TERMINAL CO.,LTD

单证 10-4

退运协议

<table>
<tr><td>Contract Number:
合同编号</td><td colspan="4">zlg201212-01</td><td>Date:
合同
日期</td><td colspan="2">××××</td></tr>
<tr><td>Party A:
甲方</td><td colspan="3">北京市挚联供应链管理有限公司</td><td>PartyB:
乙方</td><td colspan="3">JC TRANS (HK) Co.,Ltd</td></tr>
<tr><td>Address
地址：</td><td colspan="3">北京保税区东江大道 300 号南方金信大厦首层</td><td>Address</td><td colspan="3">ROOM 1012, KINGSFORD INDUSTRIAL CENTRE, 13 WANG 1101 ROAD, HONG KONG</td></tr>
<tr><td>Tel:
电话</td><td></td><td>Fax:
传真</td><td></td><td>Tel:
电话</td><td></td><td>Fax:
传真</td><td></td></tr>
</table>

1. 因该批进口货物在报检的过程中无法提供国家要求的《动植物检疫许可证》,无法办理清关手续，经买卖双方友好协商，安排退运货物，退运货物对应的合同号：ZLG201205107，提单号:RHKHPI23226，毛重：60000KG，净重：59925KG，件数：2000 包。
2. 货物详情

Article No.	Description of Commodity	Quantity	Unit Price	Sub-total (USD)
货号	货物描述	数量	单价	小计（美元）
1	GREEN BEAN 绿豆	59925KG	0.63 USD/KG	FOB USD 37752.75
Total				FOB USD 37752.75

3. Shipping:
4. Insurance：
5. Port of Loading;
   装运港：HUANG PU
6. Port of Destination;
   目的港：HONG KONG
7. This contract is in duplicate, effective signed/steated by both parities.
   本合同一式两份，双方签字或盖章有效。

Signed and Seal on behalf of the Party A

____

Signature or Seal (签名或盖章)

Signed and Seal on behalf of the PartyB

____

Signature or Seal (签名或盖章)

单证 10-5

申请报告

致开发区海关：

兹我司委托北京市挚联报关报检有限公司于××××年××月××日向贵关以“保税区仓储转口”贸易方式申报进口“绿豆”一批，报关单号：082178138，合同协议号：ZLG201205107，提单号：RHKHP123226，共2000包，毛重：60000KG。

该批货物向贵关进行电子申报及审核通过出单后，由于我司经办人员对商检业务的不熟悉，导致在进仓报检环节中无法提供检验检疫局要求出具的《动植物检疫许可证》，从而无法完成报检手续，导致该批货物不能办理正常进仓。我司于××××年××月××日委托广州市挚联报关报检有限公司向贵关申请撤销该份报关单，经贵关审核确认后，报关单于××××年××月××日撤销。

上述情况属实，由于上述货物不能正常办理进仓手续，因此我司与外商协议后，决定对此货物进行退仓处理，所以我司现向贵关申请办理该批货物的直接退运事宜，请给予办理为盼。谢谢！

此致

敬礼

北京挚联供应链管理有限公司

××××年××月××日

单证 10-6

装货通知

<table>
<tr><td colspan="2">Shipper（发货人）
北京市挚联供应链管理有限公司</td><td rowspan="3">B/L NO.（提单号）
RWNP130149
北京保税区广保通码头储运有限公司
GUANG BAO TONG WAREHOUSE&TERMINAL CO.,LTD
出口货物配载（海关）核批单</td></tr>
<tr><td colspan="2">Consignee（收货人）
JC.TRANS (HK) CO.,LTD</td></tr>
<tr><td colspan="2">Ocean Vessel（船名）Voy.No.（航次）Port of Loading（装货港）
金瑞 22/050610 广保通码头</td></tr>
<tr><td colspan="2">Port of Discharge (卸货港) Place of Delivery（交货地点）
香港 香港</td><td>SHPPING ORDER
装货通知</td></tr>
<tr><td colspan="3">Marks&Nos（唛头） No.of p' kgs（件数） Description of Goods（货名） G.W（毛重） N.W（净重）
2000 塑料袋 绿豆 60000kg 59925kg

Total（总计）</td></tr>
<tr><td colspan="3">Container No./Seal No.（集装箱号/铅封号）
RWSU 2000228
RWSU 2000531
RWSU 2000402</td></tr>
<tr><td colspan="3">TOTAL NUMBER OF CONTAINERS
集装箱数量： 3×20'</td></tr>
<tr><td>DATE（日期） ××××</td><td colspan="2">广保通码头储运有限公司
GUANG BAO TONG WAREHOUSE&TERMINAL CO.,LTD</td></tr>
</table>

单证 10–7

报关单录入/申报（出口）——未暂存状态

申报地海关		操作员		单位		海关十位编码	

统一编号				预录入编号				
海关编号				出口口岸				
备案号【1】				合同协议号				
出口日期				申报日期				
收发货人								
生产销售单位								
申报单位								
运输方式【6】	水路运输	运输工具名称			航次号			
提运单号		监管方式【1】	退运货物	征免性质【2】	征税比例			
纳税单位		许可证号			运抵国（地区）【3】	中国香港		
指运港【3】	天津				成交方式【2】	CIF		
运费【4】			保费【5】		杂费			
件数【7】	59925	包装种类		毛重（KG）	净重（KG）			
贸易国（地区）		集装箱号		随附单证		其他事项确认		
报关单类型		备注						

序号	商品编号	备案序号	商品名称	规格	4	数量	单价	币制	总价	征免

商品序号		备案序号		商品编号		附加编号			
商品名称		规格型号							
成交数量【7】	59925	成交单位【8】	千克	成交单价		成交总价		币制【5】	港币
法定数量		法定单位【9】	千克	版本号		货　号		最终目的国（地区）	
第二数量		第二单位		原产国（地区）		征　免【6】	保证金	工缴费	

集装箱号	规格	自重（KG）

集装箱号	
集装箱规格	
自重（KG）	

代码	随附单证编号

随附单证代码	
随附单证编号	

关联报关单	
关联备案	
保税/监管场所	
货场代码	

任务十一　动物玩偶申报内容修改

一、业务背景

浙江艺林玩具有限公司出口一批动物玩偶（9503.0021）到美国。货物到达后，客户发现部分玩偶质量不合格。经双方协商，将质量不合格的玩偶退回进行整改，并在规定的期限内运至美国客户。

二、作业要求

根据业务背景及随附单证，修改申报内容。

三、随附单证

本任务的随附单证见单证 11-1 至单证 11-8。

单证 11-1

修理协议
REPAIR AGREEMENT

甲方：FOLKMANIS，INC.

乙方：浙江艺林玩具有限公司　ZHEJIANG EVER TOYS CO.，LTD

乙方于××××年××月××日出口至甲方一批动物玩偶（8144PCS），甲方收到货物后，发现其中3600PCS的动物玩偶喷油颜色不对的质量问题，属质量不合格，经双方协商，同意将此批货物撤回，重新喷油，做部分免费返修处理。

Party B expored 8,144 pcs of plush toy to Party A on July 29,2012. 3,600 pcs of the piush toy were rejected by Party A due to poor airbrushing. After negotiation, both parties agree that Party A return the 3,600 pcs of plush toy for free repairment. After repairing the airbrushing, they will be exported back to Party A.

甲方：
FOLKMANIS. INC.

乙方：
浙江艺林玩具有限公司
ZHEJIANG EVER TOYS CO.，LTD

单证 11-2

情况说明

致尊敬的上海海关：

本公司为浙江艺林玩具有限公司，我司与××××年××月××日向美国出口了一批动物玩偶，具体情况如下：

日期	出口报关单号	件数	毛重	金额（USD）
×××	222920120792302872	590CTNS	3160KGS	43547.80

上述货物到达美国后，经美国客人清点货物后发现，以上批次的动物玩偶，部分玩偶存在喷油颜色不对的问题，客人要求的颜色是淡黄色，实际出口的货物由于工厂工人的疏忽，将颜色喷成了深黄色接近于橘色了，属质量不合格，现经双方协商一致同意将上述的部分玩偶退回用酒精将原来的深黄色消退掉，重新将正确的淡黄色喷上，退回数量为：300BOXES，总件数为3600PCS。

本次退运修理的船名航次：CMA CGM BIANCA V.496W，提单号为：SF516963，共计3600件，单价为：5.3472美元，总价为19249.92美元，本公司承诺将在规定的六个月期限内将此批退运修理的货物重新喷油修理完毕后重新出运美国，并按时办理保证金的退回结转工作，并承担由此产生的法律责任，特此说明。

此致！

浙江艺林玩具有限公司

××××

单证 11-3

COMMERCIAL INVOICE

××××

ZHEJIANG EVER TOYS CO.,LTD BAO FEMALE VILLAGE, YANGSHOU TOWN, HAN JIANG DISCTRICT, ZHEJIANG CHINA

FINAL DESTINATION : CHINA

CONTACT: KATHY XIONG

PHONE :

FROM : FOLKMANIS, INC.
1219PARK AVE.
EMERYVILLE, CA 94608
CONTACT : JOHN CANELAKE
PH.

CONTENTS: 3,600 PIECES EMPER OR PENGUIN PUPPETS VALUED AT $5.3472 EACH ($19249.92TOTAL)

SETTLEMENT WAY: EXW

MADE IN CHINA

Emperor Penguin Puppets are being returned to original manufacturer for improvement, after improvement they will be exported back to Folkmanis Inc.

JOHN CANELAKE

SALES DIRECTOR

Folkmanis, Inc. 1219 park Avenue Emeryville, CA 94608 USA fax

单证 11-4

PACKING LIST

××××××

ZHEJIANG EVER TOYS CO.,LTD
BAO FEMALE VILLAGE, YANGSHOU TOWN,
HAN JIANG DISCTRICT, ZHEJIANG
CHINA

FINAL DESTINATION : CHINA
CONTACT: KATHY XIONG
PHONE :

FROM : FOLKMANIS, INC.
1219PARK AVE.
EMERYVILLE, CA 94608
CONTACT : JOHN CANELAKE
PH.

DESCRIPTION	QTY		N.W. (KG)	G.W. (KG)	MEAS. (CBM)
EMPEROR PENGUIN PUPPETS	300BOXES	3600PCS	846 KG	1248 KG	20.00CBM

MADE IN CHINA
Emperor Penguin Puppets are being returned to original manufacturer for improvement, after improvement they will be exported back to Folkmanis Inc.

JOHN CANELAKE
SALES DIRECTOR

Folkmanis, Inc. 1219 park Avenue Emeryville, CA 94608 USA fax

单证 11–5

中华人民共和国海关出口货物报关单

预录入编号：833672139　　　　海关编号：222920120792302872

<table>
<tr><td colspan="2">出口口岸
外港海关　2225</td><td colspan="2">备案号</td><td>出口日期
××××</td><td>申报日期
××××</td></tr>
<tr><td colspan="2">经营单位
浙江艺林玩具有限公司</td><td>运输方式
水路运输</td><td>运输工具名称
BEAR MOUNTAIN</td><td colspan="2">提运单号
KKLUSH3817555</td></tr>
<tr><td colspan="2">发货单位
浙江艺林玩具有限公司</td><td>贸易方式　BRIDG/15E
一般贸易　0110</td><td colspan="2">征免性质
一般征税（101）</td><td>结汇方式
电汇</td></tr>
<tr><td>许可证号</td><td colspan="2">运抵国(地区)
美国　(502)</td><td colspan="2">指运港
奥克兰　(3170)</td><td>境内货源地
浙江</td></tr>
<tr><td>批准文号
826909648</td><td>成交方式
FOB</td><td>运费</td><td colspan="2">保费</td><td>杂费</td></tr>
<tr><td>合同协议号
E–12193</td><td>件数
590</td><td>包装种类
纸箱</td><td>毛重（千克）
3160</td><td colspan="2">净重（千克）
2235</td></tr>
<tr><td>集装箱号
2</td><td colspan="4">随附单证
B</td><td>生产厂家</td></tr>
<tr><td colspan="6">标记唛码及备注
境内货源地：浙江
随附单证号：310050212128426000
集装箱号：KKFU1148182</td></tr>
<tr><td colspan="6">项号　商品编号　商品名称、规格型号　数量及单位　最终目的国(地区)　单价　总价　币制　征免
1.　　动物玩偶　8144.000 个　美国　5.3472　43547.80　USD　照章征收
（0）　玩具、玩偶、无品牌　2235.000 千克　(502)　　美元
8144.000 个　　用途：</td></tr>
<tr><td colspan="6">税费征收情况</td></tr>
<tr><td colspan="2">录入员　　录入单位</td><td colspan="2" rowspan="2">兹声明以上申报无讹并承担法律责任

申报单位（签章）
上海亿翔单位有限公司

填制日期</td><td colspan="2">海关审单批注及放行日期（签章）
审单　　审价</td></tr>
<tr><td colspan="2">报关员

单位地址

邮编　　电话</td><td colspan="2">征税　　统计

查验　　放行</td></tr>
</table>

单证 11-6

OCEAN OR COMBINED TANSPORT **WAYBILL** **NON-NEGOTIABLE**

SHIPPER FOLKMANIS, Inc. 1219 Park Avenue Emeryville CA 94608 USA	**BOOKING No.** HOU4A058270 **BILL OF LADING No.** HJSCLGBA00347202 **EXPORT REFERENCES**
CONSIGNEE ZHE JIANG EVER TOYS CO.,LTD BAO FEMAILE VILLAGE, YANGSHOU TOWN HAN JIANG DISTRICT, ZHE JIANG CHINA	**FORWARDING AGENT REFERENCES** PANALPINA HOUSTON PO BOX 60164 AMF HOUSTON, TEXAS. 77205 U. REF: 050-617630
NOTIFY PARTY SAME AS CONSIGNEE	**PANTAINER EXPRESS LINE**

PIER OR PLACE OF RECEIPT	**PRE-CARRIAGE BY**	**For Delivery please apply to:**
VESSEL & VOYAGE No. CMA CGM BIANCA BH496W	**PORT OF LOADING** OAKLAND	
PORT OF DISCHARGE SHANGHAI	**PLACE OF DELIVERY**	

PARTICULARS FURNISHED BY SHIPPER

CONTAINER NO. MARKS & NOS.	NO.OF PKGS. OR CONTAINERS	KIND OF PACKAGES; DESCRIPTION OF GOODS	TOTAL GROSS WEIGHT KGS.	TOTAL MEASUREMENT CBM
			1248.000KGS	20.000CBM
'ONT-NO. WSKU3965213 HIPPER'S LOAD & COUNT		**SHIPPER'S LOAD & COUNT, STOWAGE, COUNT AND SEAL 1×20 STD** 300 BOXES SEW FULSH PUPETS **NON-NEGOTIABL**		
Totals:			**1248.000KGS**	**20.000CBM**

FREIGHT AND CHARGES		RECEIVED for shipment in external apparent good order and condition, unless otherwise indicated. The total number of packages or unite stuffed in the container, the description of the goods and the weights shown in this Bill of Lading are furnished by the Merchant and the containers are already sealed by the Merchant, and which the carrier has no reasonable means of checking and not a part of this Bill of Lading stated below, all of this tenor and date, one of the original Bills of Lading must be surrendered and endorsed or signed against the delivery of the goods or the delivery order and whereupon any other original Bills of Lading shall be void.
Declared Value from Merchant (see Clause 8.6) NO VALUE DECLARED		
Prepaid at	**Payable at** DESTINATION	
TOTAL NUMBER OF CONTAINERS OR OTHER PACKAGES OR UNITS RECEIVED BY THE CARRIER		
Place of Issue SAN FRANCISCO	**DATE OF Issue** **XXXXX**	

As agent for the carrier, Pantainer(H.K.)Limited

单证 11–7

进出口税款保证金申请书

申请单位：

签　　章：

商品名称	动物玩偶	税则号列		数量及单位	3600 个	货值（CIF）	USD19249.92+运费 RMB10286.9 （USD1=RMB6）
原产国（地区）	中国	运输工具及提运单号	CMA CGM BIANCA HJSCLGBA00347202	进（出）口日期	××××	报关单号	224820131480034248

申请理由：

我单位因________****________________________________正在办理中，现申请凭保证金放行货物。我单位保证在××××年××月××日前办结海关手续，逾期同意由海关将保证金转为税款，并承担相应法律责任。

联系人：

联系电话：

______年____月____日

以上均由申请单位填写

海关审核意见	
	经办关员： ______年____月____日
	科长： ______年____月____日
	关（处）长： ______年____月____日

单证 11-8

报关单录入/申报（进口）——未暂存状态

申报地海关		操作员		单位		海关十位编码	

统一编号				预录入编号			
海关编号				进口口岸			
备案号【1】				合同协议号			
进口日期				申报日期			
收发货人							
消费使用单位							
申报单位							
运输方式【3】	航空运输	运输工具名称			航次号		
提运单号		监管方式【1】	退运货物	征免性质【2】	其他法定	征税比例	
纳税单位		许可证号		起运国（地区）【3】	美国		
装货港【4】	奥克兰		境内目的地		成交方式【5】	FOB	
运费【6】	3	1714	502	保费【7】	1	0.3	杂费
件数【2】	3600	包装种类		毛重（KG）		净重（KG）	
贸易国（地区）		集装箱号		随附单证		其他事项确认	
报关单类型		备注	国产品进境修理，进境日期：2013年2月16日，修理期限6个月，附出口报关单：792302872				

集装箱号	规格	自重（KG）

集装箱号	
集装箱规格	
自重	

代码	随附单证编号

序号	商品编号	备案序号	商品名称	规格	原产国(地区)	数量	单价	币制	总价	征免

商品序号		备案序号		商品编号		附加编号	
商品名称		规格型号					
成交数量【4】	300	成交单位【5】	件	成交单价		成交总价	
币制【8】	美元						
法定数量		法定单位		版本号		货号	
最终目的国（地区）							
第二数量		第二单位		原产国（地区）【6】	奥克兰	征免【10】	保证金

随附单证代码	
随附单证编号	

关联报关单	
关联备案	
保税/监管场所	
货场代码	

任务十二　废杂纸申报内容修改

一、业务背景

江苏汉唐贸易有限公司进口一批废杂纸（4707.9000）用于国内销售。

二、作业要求

根据业务背景及随附单证，修改申报内容。

三、随附单证

本任务的随附单证见单证 12-1 至单证 12-8。

单证 12–1

CONTRACT

SELLER: NEWPORT CH INTERNATIONAL,LLC. Contract No.: KYXNP1284
BUYER:JIANGSU HANTANG TRADING CORP.LTD

This contract is made by and between the buyers and sellers, where by the buyers agree to buy and sellers agree to sell the under mentioned commodity according to the terms and conditions stipulated below:

1.Commodity: RECOVERED MIXED PAPER.
2.Quantity:1000MT+/-10%
3.Unit Price:USD238.00/MT CIF Lianyungang (including DTHC).
4.Total Value:USD238,000.00+/-10%
5.Packing: In Standard Export Packing, Shipped in 40F Containers.
6.Payment: D/P at sight
7.Transshipment: Allowed
8.Partial shipment: Allowed
9.Date of shipment:×××
10.Port of loading: North American Port
11.Detention:14 free days time in destination port
12. Documents Provided:
a) Signed Commercial Invoice in 3 originals;
b) Full set of bill of lading make out the applicant as the consignee and notify the applicant;
c) Packing list in 3 copies showing weight of each container;
d) Certificate of Pre-shipment Inspection issued by CCIC NA;
e) Certificate of non-wood packing issued by seller;
f) Certified copies of fax notifying applicant of shipment with 2 working days after shipment has effected;
g) Presentation of documents within 15 days after B/L date.
13.The above goods must be accorded to control principles of the Chinese Standard GB16487-2005 (Environmental Protection Control Standard for Imported Solid Wastes as Raw Materials).
14.Claim Conditions:
Seller is to be notified of any quality and/or weight claims within 10 days of opening and/or unloading the goods. Any claimed material shall be identified by the container number in which it was shipped, and evidenced with photographs, samples (if appropriate) and a details claim report. All claimed material is to be held by the buyer, unused, until the claim is thoroughly evidenced to the seller and a prompt settlement has been finalized.

Buyers:	Sellers:
JIANGSU HANTANG TRADING CORP.LTD	NEWPORT CH INTERNATIONAL, LLC
--	--

单证 12-2

COMMERCIAL INVOICE

TO: JIANGSU HANTANG TRADING CORP.

DATE:×××
INVOICE NO:858302
REF NO.93583-12

B/L NO. :	556696084
CONTRACT NO.:	KYXNP1284
NAME OF VESSEL:	OSG ALPHA/1219W
PORT OF LOADING:	LONG BEACH
PLACE OF DELIVERY:	LIANYUNGANG, CHINA
QUANTITY:	1×40'CONTAINERS/32 BALES
COMMODITY:	RECOVERED MIXED PAPER
WEIGHT:	21.355MT
ORIGIN:	USA
PACKING:	IN STANDARD EXPORT PACKING
THE UNIT PRICE:	US$238/MT CIF LIANYUNGANG (INCLUDING DTHC)
PAYMENT TERM:	D/P AT SIGHT
TOTAL AMOUNT:	US$5082.49

CERTIFIED, TRUE AND CORRECT.

NEWPORT CH INTERNATIONAL, LLC.

ORIGINAL

____

AUTHORIZED SIGNATURE

单证 12-3

PACKING LIST

TO: JIANGSU HANTANG TRADING CORP.

DATE:××××
INVOICE NO:858302
REF NO.93583-12

B/L NO. :	556696084
CONTRACT NO.:	KYXNP1284
NAME OF VESSEL:	OSG ALPHA/1219W
PORT OF LOADING :	LONG BEACH
PLACE OF DELIVERY:	LIANYUNGANG,CHINA
QUANTITY:	1×40'CONTAINERS/32BALES
COMMODITY:	RECOVERED MIXED PAPER
WEIGHT:	21.355MT
ORIGIN:	USA
PACKING:	IN STANDARD EXPORT PACKING

CONTAINER NO.	NO. OF BALES	GROSS/NET WEIGHT (MT)
MSKU1288690	32	21.355
TOTAL AMOUNT:	32	21.355

CERTIFIED, TRUE AND CORRECT.

NEWPORT CH INTERNATIONAL,LLC

ORIGINAL

____

AUTHORIZED SIGNATURE

单证 12-4

MAERSK LINE	BILL OF LADING FOR OCEAN TRANSPORT OR MULTIMODAL TRANSPORT	SERVICE：MAEU B/L NO.: 556696084

SHIPPER NEWPORT CH INTERNATIONAL LLC US	Reference No.: 556696084 Export Reference 93563-12 57700 FORWARDING AGENT REF. (COMPLETE NAME & ADDRESS)
CONSINGEE NOT NEGOTIATIABLE UNLESS CONSIGNED TO ORDER	**NOTIFY PARTY** TEL: FAX:

VESSEL AND VOYAGE OSGALPHA	VESSEL NO. 1219W	PLACE OF RECEIPT (Mandatory in case of inland transport under carriers responsibilities) Chicago
PORT OF LOADING LONG BEACH	PORT OF DISCHARGE LIANYUNGANG	PLACE OF DELIVERY (Mandatory in case of inland transport under carriers responsibilities)

PARTICULARS FURNISHED BY SHIPPER

No. of Pkgs. Or Shipping Units/Description of goods and pkgs.	**Gross Weight**	**Measurement**
1 CONTAINERS SAID TO CONTAIN 32 BALES 21.355MT IN:X20120327031077 MSKU1288690 40 DRY 9'6 32 BALES Shipper Seal:07042099 SHIPPER'S LOAD, STOW, WEIGHT AND COUNT	21355 KGS	280 CBM

Freight & Charges	Revenue Tons	Rate	Per	prepaid	Collect

Carrier's Receipt 1 container	Place of Issue The Woodlands	Received by the Carrier the Goods as specified above in apparent good order and condition unless otherwise stated, to be transported to such place as agreed, authorized or permitted herein and subject to all the terms and conditions appearing on the front and reverse of this Bill of Lading, any local privileges and customs notwithstanding. The particulars give above as stated by the shipper and the weight, measures, quality, condition, contents and value of the Goods are unknown to the Carrier. IN WITNESS where of THREE (3) original Bills of Lading have been signed, one of which being accomplished, the other(s) to be void.
No. of Original B(s)/L 1/THREE	Date of Issue ×××	
Declared Value Charge	Shipped on Board Date (Local time) ×××	

Carrier
COAST FORWARDING LLC
WTOWN AND COUNTRV RD STE 1365
Orange CA
92B6B
FMC 010754

Maersk Agency

U.S.A, the Woodlands
This transport document has one or more numbered pages

单证 12-5

委托进口代理协议

供方：甲方 江苏汉唐贸易有限公司　　　　签订地点：连云港
需方：乙方 赣榆县强盛纸业有限公司　　　签订时间：××××

乙方委托甲方与美国某公司签订进口废纸合同。甲方接受委托，经友好协商，甲乙双方达成委托进口代理协议如下：

协议：KYXNP1284

一、进口货物详细说明：

产品名称	计量吨位	数量（公吨）	金额（元）	交（提）货期
不同规格的废纸原料	公吨	21.355	按每月市场行情定价	××年×月-××年×月

二、交货地点：甲方交货

三、合理损耗及计算方法：按国外集装箱码单计重，按国际惯例允许2%的合理损耗。

四、包装：进口包装。

五、支付与结算

货到10个工作日内付款，在乙方未按约定支付货款前，甲方对进口货物有所有权，有权不予交单、放货直没收保障金，由此产生的一切费用及造成的一切损失由乙方承担。

六、货物质量：乙方若对货物的质量、品质有异议，应该在货物到港后二十一天内由甲方向外商提出索赔，并与之协商处理，乙方提供必要的协助和协调；该索赔结果不影响甲方向乙方全额支付应付货款和代理费用等义务。乙方保证进口货物是符合中华人民共和国有关法律、法规规定的合法货物，必须符合进口国固体废弃物环境保护控制标准，否则承担由此产生的一切责任和后果，如若货物不符合环境控制标准需要退运，甲乙双方应共同配合海关及质监部门办理退运手续。

七、甲方不得将进口的货物放弃，也不得将固体废弃物进口许可证转让给第三方，乙方也不得将进口的货物转卖给他人。因违约而造成的损失和费用由责任方承担，包括债权人为实现债权而支付的一切费用。

八、争议的解决和管辖的确认：在执行本合同过程中发生的一切争议及协议未尽事宜，甲乙双方应友好协商：协商不成，应向甲方所在法院提起诉讼。

九、本协议一式两份，甲乙双方各持一份，经双方盖章签字生效，合同期限为一年。

甲方：江苏汉唐贸易有限公司　　　　乙方：赣榆县强盛纸业有限公司

单证 12-6

中华人民共和国出入境检验检疫
入境货物通关单

编号：230120121012011837

1. 收货人 江苏汉唐贸易有限公司			5. 标记及号码 N/M
2. 发货人 NEWPORT CH INTERNATIONAL ,LLC.			
3. 合同/提（运）单号	4. 输出国家或地区 ******		
6. 运输工具名称及号码 OSCALPHA/1219W	7. 目的地 连云港		8. 集装箱规格及数量 海运 40 尺 普通 1 个
9. 货物名称及规格 废杂纸 美废 3 号 （以下空白）	10. H. S. 编码 47079000. 90 （以下空白）	11. 申报总值 5082. 49 美元 （以下空白）	12. 数/重量、包装数量及种类 21355 千克 32包 （以下空白）
13. 证明 上述货物业已报检/申报，请海关予以放行。 签字：　　　　日期：××××年××月××日			
14. 备注			

单证 12-7

中华人民共和国自动进口许可证
AUTOMATIC IMPORT LICENCE OF THE PEOPLE'S REPUBLIC OF CHINA

NO.1521317

1.进口商： Importer 320073440096X 江苏汉唐贸易有限公司	3.自动进口许可证号： Automatic import licence No. 12-10-W42214
2.进口用户： Consignee 赣榆县强盛纸业有限公司	4.自动进口许可证有效截止日期： Automatic import licence expiry date ××××
5.贸易方式： Terms of trade ******	8.贸易国（地区）： Country/Region of exportation ******
9.外汇来源： Terms of foreign exchange 银行汇购	9.原产地国（地区）： Country/Region of origin ******
10.报关口岸： Place of clearance 连云港关	10.商品归类： Use of goods 生产用
10. 商品归类： Description of goods 其他回收纸或纸板（包括未分选的废碎品） 商品编码： Code of goods 4707900090 商品状态： Status of goods	

11.规格、型号 Specification	13.单位 Unit	14.数量 Quantity	15.单价（USD） Unit price	16.总值（USD） Amount	17.总值折美元 Amount in USD
	千克	*21355	*0.2380	*5082.49	$5082.49
18.总计 Total	千克	*21355		*5082.49	$5082.49

19.备注： Supplementary details	20.发证机关签章： Issuing authority's stump 21.发证日期： Licence data ××××

单证 12-8

报关单录入/申报（进口）——未暂存状态

申报地海关		操作员		单位		海关十位编码	

统一编号				预录入编号					
海关编号				进口口岸					
备案号【1】				合同协议号					
进口日期				申报日期					
收发货人									
消费使用单位									
申报单位									
运输方式【3】	公路运输	运输工具名称				航次号			
提运单号		监管方式【1】	边角料销毁	征免性质【2】	一般征税		征税比例		
纳税单位		许可证号		起运国（地区）【3】	美国				
装货港【4】	长滩		境内目的地		成交方式【5】	CIF			
运费【6】			保费【7】			杂费			
件数【2】	1	包装种类		毛重（KG）		净重（KG）			
贸易国（地区）		集装箱号		随附单证			其他事项确认		
报关单类型			备注						

集装箱号	规格	自重（KG）

集装箱号	
集装箱规格	
自重	

代码	随附单证编号

随附单证代码	
随附单证编号	

关联报关单	
关联备案	
保税/监管场所	
货场代码	

序号	商品编号	备案序号	商品名称	规格	原产国(地区)	数量	单价	币制	总价	征免

商品序号		备案序号		商品编号			附加编号		
商品名称			规格型号						
成交数量【4】	21355	成交单位【5】	千克	成交单价		成交总价		币制【8】	美元
法定数量	21355	法定单位【9】	千克	版本号		货号		最终目的国（地区）	
第二数量		第二单位		原产国（地区）【6】	英国	征免【10】	照章征税		

任务十三　进口控制柜申报内容修改

一、业务背景

贝斯塔公司向海关申报进口控制柜（8537.1090）用于国内销售。

二、作业要求

根据业务背景及随附单证，修改申报内容。

三、随附单证

本任务的随附单证见单证 13-1 至单证 13-7。

单证 13-1

Purchase Order

NO.:P089325
DATE: ××××

THE BUYERS: Bestas Wind Technology (China) Co., Ltd.
ADDRESS: No. 9 Xinxing Road, the west of TEDA Tianjin 300462 P.R. China

THE SELLERS: Brüel & Kjaer Vibro GmbH
ADDRESS: Leydheckerstr 10, D-64293 Darmstadt, DENMARK

This Contract is made by and between the Buyers and the Sellers, whereby the Buyers agree to buy and the Sellers agree to sell the under mentioned commodity according to the terms and conditions stipulated bellow:
COMMODITY:

NO.	Commodity Code	Description	Unit	Qty.	Unit Price	Amount
1	90309085	3652-TCP/IP-X:TCP/IP communication facility	PCS	9	FCA EUR4,909.00	EUR 44,181.00
Total Value in EUR						44,181.00

2.COUNTRY AND MANUFACTURERS: DENMARK
3.SHIPPING MARK: N/M
4.PORT OF SHIPMENT: HAMBURG
5.PORT OF DESTINAION: XINGANG
6.SHIPMENT
TO BE SHIPPED BEFORE ××××
Transshipment is allowed.
7.ARBITRATION
Any dispute arising from or in connection with this Contract shall be submitted to China International Economic and Trade Arbitration Commission for arbitration which shall be conducted in accordance with the Commission arbitration rules in effect at the time of applying for arbitration. The arbitral award is final and binding upon both parties. Arbitration fee shall be borne by the losing party.
8.OTHER
This contract signed in three copies the seller holds one copy and the buyer hold one copies.

THE BUYERS
Bestas Wind Technology (China) Co., Ltd

THE SELLERS
BRÜEL & KJAER VIBRO GMBH

单证 13-2

Brüel & Kjaer Vibro GmbH

Brüel & Kjaer Vibro GmbH, Leydheckerstr 10, d-64293

Bestas Wind Technology
No.9th of Xinxing Road-West zone
300462 TIANJIN
CHINA

Invoice

Number	916017181
Date	××××
Delivery note/date	9190177709 ××××
Order/date	9100169858 ××××

1 Packing unit(s):

> Collect by customer

> Ocean Freight EUR 85.51

> Weight gross 164KG/ Net 130KG/ Volume 1.680 M^3

Item material	Qty.	Price/unit	Value (EUR)
000020	CMS6345.20 Your Material-No.:789166 9 UNIT **3652-TCP/IP-X:TCP/IP communication facility** Standard configuration, without sensors Commodity code:90309085 Country of origin: DENMARK	4,909.00 EUR	44,181.00

Item(s) Total	44,181.00
Net	44,181.00
Total price (EUR)	44,181.00

Basis for Price and Delivery/General Conditions

Incoterms (2000)	FCA: Free carrier Naerum Darmstadt
Premium	3‰
Mode of patch	Collect. by Customer

Terms of payment *****When effecting payment please indicate invoice no.****

Current month +60 days

Brüel & Kjaer Vibro GmbH

BESTAS WIND TECHNOLOGY(CHINA)CO.,LTD
贝斯塔斯风力技术
(中国)有限公司

单证 13-3

Brüel & Kjaer Vibro GmbH

Brüel & Kjaer Vibro GmbH, Leydheckerstr 10, D-64293 Darmstadt

PACKING LIST

Number	919017709
Date	××××
Order/Date	9100169858
	××××

Bestas Wind Technology
No.9th of Xinxing Road-West zone
300462 TIANJIN
CHINA
Ship-to-party
Bestas Wind Technology
No.9th of xinxing Road-west zone
300462 TIANJIN
CHINA

BESTAS WIND TECHNOLOGY(CHINA)CO.,LTD
贝斯塔斯风力技术（中国）有限公司

Shipping point
Brüe & kjaer Vibro Naerun

Total weight gross	164.00 KG
Total weight net	130.00 KG
No. of Packages	1 Unit(s)
Freight data	
Delivery conditions	Incoterms 2000: FCA:Free carrier Naerum Darmstadt Collect.by Customer

We deliver according to our Standard Terms and Condition of Sale, which you will find under www.bkuo.com.
Please check the delivery immediately.
Your E-mail order no.P089325 dated 15.04.2012 by Xin Ren.

	Package-Date		Weight (KG)
Pos.		Material/Description	Qty.
98046		1 Pallet	164
	(PG:)	120×80×175 CM	130

	Order	9100169858/15.04.2012/Item 000020	
00010	CMS6345.20		9 UNIT

Your Material-No.:789166
<u>3652-TCP/IP-X:TCP/IP communication facility</u>
Standard configuration, without sensors
Commodity code 9030 90 85
Country of origin: DENMARK
Senrialnr: (11123-11131)

单证 13-4

中远集装箱运输有限公司
COSCO CONTINER LINES CO., LTD
海运单
SEA WAYBILL

TLX:
FAX:

NON-NEGOTIABLE SEA WAYBILL FOR COMBINED TRANSPORT OR PORT TO PORT

1.Shipper Insert Name, Address and Phone/Fax BRUEL&KJAER VIBRO GMBH, REYDHECKERSTR 10, D-64293 DARMSTAD	Booking No. 4502903890 / Sea Waybill No. COS4502903890 Export References SHORSE11661/DKMKAS
2.Consignee Insert Name, Address and Phone/Fax BESTAS WIND TECHNOLOGY NO.9 OF XINXING ROAD - WEST ZONE 300642, TIANJIN, CHINA	Forwarding Agent and Reference Point and Country of Origin
3.Notify Party Insert Name, Address and Phone/Fax SAME AS CONSIGNEE	Also Notify Party-routing & Instructions
4.Combined Transport Pre-Carriage by: TRUCK 5.Combined Transport Place of Receipt: AARHUS, DENMARK	
6.Ocean Vessel Voy. No.: COSCO OCEANIA 022W 7.Port of Loading: HAMBURG	Service Contract No. / Commodity Code
8.Port of Discharge: XINGANG 9.Combined Transport Place of Receipt	Type of Movement LCL / LCL

Marks & Nos. Container / Seal No.	No. Of Containers or Packages	Description of Goods {If Dangerous Goods, See Clause 20}	Gross Weight	Measurement
6462304673/N	1 PACKAGES	1x20'DC CONTAINER STC: 3652-TCP/IP-X:TCP/IP COMMUNICATION FACILITY	164 KGS	

OCEAN FREIGHT PREPAID
SHIPPER'S LOAD STOW COUNT AND SEAL

CBHU6326887 /F19772 /1 PACKAGES /LCL / LCL/20GP/

TARE 2250 KG

Declared Cargo Value US$ | Description of Contents for Shipper's Use Only {Not part of This Sea Waybill Contract}

10.Total Number of containers and/or packages (in word) Subject to Clause 7 Limitation: SAY ONE CONTAINER TOTAL

11. Freight & Charges	Revenue Tons	RATE	Per	Amount	Prepaid	Collect	Freight & Charges Payable at / by
EUR 85.51					EUR 85.51		

Received in external apparent good order and condition except as otherwise noted. The total Number of the packages or units stuffed in the container, the description of the goods and the Weights shown in this Sea Waybill are furnished by the merchants, and which the carrier has no reasonable means of checking and is not a part of this Sea Waybill contract. The carrier has Issued 1 Sea Waybill. The merchants agree to be bound by the terms and conditions of this Sea Waybill as if each had personally signed this Sea Waybill. *Applicable Only When Document Used as a Combined Transport Sea Waybill.	Date Laden on Board Signed by:

9805 Date of Issue MAY 25 2012 Place of Issue COPENHAGEN Signed for the Carrier, COSCO CONTAINER LINES CO., LTD.

CNT110153348

单证 13-5

天津中远集装箱船务代理有限公司
COSCO TIANJIN CONTAINER SHIPPING AGENCY CO., LTD
提货单
DELIVERY ORDER

NO.0016664

天津新港地区、场、站
收货人／通知方：　BESTAS WIND TECHNOLOGY　　　货位编号：

船名 COSCO OCEANIA	航次　022W	起运港　汉堡	目的港　天津新港
提单号 COS4502903890	交付条款　CFS-CFS	到付海运费	合同号　P089325
卸货地点	到达日期	进库场日期	第一程运输
货名	控制柜	集装箱号／铅封号	
集装箱数	1×20'	CBHU6326887	F19772
件数	1 PACKAGE		
重量	164.00KG		
体积	$1.68M^3$		
标志			

请核对放货。

天津中远集装箱船务代理有限公司

（印章：COSCO TIANJIN CONTAINER SHIPPING AGENCY CO., LTD. 天津中远集装箱船务代理有限公司 业务专用章）

凡属法定检验、检疫的进口商品，必须向有关监督机构申报。

收货人章	海关章		
1	2	3	4
5	6	7	8

单证 13-6

中华人民共和国出入境检验检疫
入境货物通关单

编号：120020112029243000

<table>
<tr><td colspan="3">1.收货人
贝斯塔斯风力技术（中国）有限公司</td><td rowspan="3">5.标记及号码
N/M</td></tr>
<tr><td colspan="3">2.发货人
***
***</td></tr>
<tr><td>3.合同/提（运）单号
P089325/***</td><td colspan="2">4.输出国家或地区
丹麦</td></tr>
<tr><td>6.运输工具名称及号码
COSCO OCEANIA/022W</td><td colspan="2">7.目的地
天津市塘沽区</td><td>8.集装箱规格及数量
***1×20</td></tr>
<tr><td>9.货物名称及规格
控制柜
***
***
（以下空白）</td><td>10.H.S.编码

***
***
（以下空白）</td><td>11.申报总值
*44181 欧元
***
***
（以下空白）</td><td>12.数/重量、包装数量及种类
*9 个
*130 千克
*1 天然木托
（以下空白）</td></tr>
<tr><td colspan="4">13.证明
上述货物业已报检/申报，请海关予以放行。
本通关单有效期至二〇一三年五月二十三日。
签字：　　　　日期：　××××年××月××日</td></tr>
<tr><td colspan="4">14.备注</td></tr>
</table>

[2-2（2000.1.1）]　　　　①货物通关

单证 13-7

报关单录入/申报（进口）——未暂存状态

申报地海关		操作员		单位		海关十位编码	

统一编号						预录入编号					
海关编号						进口口岸					
备案号【1】						合同协议号					
进口日期						申报日期					
收发货人											
消费使用单位											
申报单位											
运输方式【3】	公路运输		运输工具名称					航次号			
提运单号			监管方式【1】	外资设备物品		征免性质【2】	一般征税		征税比例		
纳税单位			许可证号			起运国（地区）【3】	丹麦				
装货港【4】	汉堡			境内目的地		成交方式【5】	FOB				
运费【6】	3	85.51	300	保费【7】	1	0.3	000	杂费			
件数【2】	9	包装种类				毛重（KG）		净重（KG）			
贸易国（地区）		集装箱号				随附单证				其他事项确认	
报关单类型				备注							

集装箱号	规格	自重（KG）

集装箱号	
集装箱规格	
自重	

代码	随附单证编号

序号	商品编号	备案序号	商品名称	规格	原产国(地区)	数量	单价	币制	总价	征免

商品序号		备案序号		商品编号			附加编号		
商品名称				规格型号					
成交数量【4】	130	成交单位【5】	千克	成交单价		成交总价		币制【8】	欧元
法定数量		法定单位【9】	个	版本号		货　号		最终目的国（地区）	
第二数量		第二单位		原产国（地区）【6】	德国	征免【10】	照章征税		

随附单证代码	
随附单证编号	

关联报关单	
关联备案	
保税/监管场所	
货场代码	

任务十四　医用 X 射线管申报内容修改

一、业务背景

深圳桑尼可实业发展有限公司向海关申报“医用 X 射线管（9022. 3000）”进口手续，其中有 1 个医用 X 射线管无法正常使用。

二、作业要求

根据业务背景及随附单证，修改申报内容。

三、随附单证

本任务的随附单证见单证 14-1 至单证 14-7。

单证 14-1

订购合同
PURCHASE　CONTRACT

No：495388

买方：深圳桑尼可实业发展有限公司
电话：　　　　　传真：
THE Buyers：SHENZHEN SUNNICO ENTERPRISE&DEVELOPMENT CO.，LTD.
TEL：　　　　　FAX：
卖方：
THE Sellers：
DUNLEE，A division of Philips Medical Systems
555NoethCommercest. Aurora IT 60504USA
兹经买卖双方同意按照以下条款由卖方售出以下商品：

This Contract is made by and between the Buyers and Sellers：whereby，the Buyers agree to buy and the Sellers agree to sell the under-mentioned goods subject to the terms and conditions as stipulated hereinafter：

商品名称及规格 Name of Commodity and Specification	品牌 Brand	数量 Quantity	产地 Origin	单价 Unit Price (USD/PCS)	总金额 Amount (USD)
医用 X 射线管 DA100	DUNLEE	30PCS	美国	5800	174000

TOTAL：SAY FOURTEEN MILLION FIVE HUNFRED FIFYT THOUSAND SIX HUNDRED AND EIGHTY-FIVE UNITED STATES DOLLARS.

装运时间：××××
Time of Shipment：××××
装运口岸和目的地：美国—深圳
Port of Loading and Destination：From America to Shenzhen，China
运输方式：空运
Means of Transport：BY AIR
付款条件：电汇
Terms of Payment ：BY T/T
Incoterms：CIP
成交方式：CIP
装运标记：无
Shipping Mark (s)：N/M
执行时间：××××
Execution time：××××
保险：由卖方负责。
Insurance：To be covered by the seller.
备注：随货的配件是免费的。
Remarks：Accompanying accessories are free of charge.
附加条款：本合同其他任何条款如与本附加条款有抵触时，以本附加条款为准。
Condition (s)：The Supplementary Condition (s) should be taken as final and binding.

卖方　　　　　　　　　　　　买方
THE SELLER　　　　　　　　　THE BUYER

单证 14-2

DUNLEE

Division of Philips Medical Systems
2312 Avenue
Arlington TX 76006
TEL.
FAX

Invoice

Invoice no.	SZSPQG201203
Order no.	495388 dated ××××
Purchase order no.	20111231GR5 date ××××
Requested ship date	×××
Customer no.	3108
Currency	USD
Invoice amount	224000
Ship via	CUSTOMER APPOINTED FORWARDER
Del.Plant/storage loc.	ARLINGTON/ARCE
Delivery priority	System maintenance
Waybill no.	
Weight	KG
Payment term	Net 60 days
Due date	×××
Incoterms	CIP
Port of departure	USA

SOLD TO:...
.01110
SUNNICO INTERNATIONAL, INC
3 DUNHILL ROAD
NEW HYDE PARK NY 11042
USA

BILL TO:
SHEN ZHEN SUNNICO INTERNATION, INC.

SHIP TO:
5/FSaiba Dianzikeji Building NO.2Block, Langshan,
Langshan 2th Boad, North Hi-tech Industrial Park,
NanShan ShenZhen, P.R. China

Remittance:
Dunlee
P.O.Box 409975
Atlanta, GA30384-9975

Page 1/1

Item	Material no.	Description	Price	Quantity	Value
1.		DA100	5,800.00	1PC	5,800.00

Items total: 5800.00
Total: 5800.00

××× Customer

SZSPQG201110103

单证 14-3

DUNLEE

Division of Philips Medical Systems
2312 Avenue
Arlington TX 76006
TEL.
FAX

PACKING LIST

Order no.	495388 Dated ××××
Purchase order no.	20111231GR5 Date ××××
Requested ship date	12/28/2011
Customer no.	3108
Currency	USD
Invoice amount	224000
Ship via	CUSTOMER APPOINTED FORWARDER
Del.Plant/storage loc.	ARLINGTON/ARCE
Delivery priority	System maintenance
Waybill no.	
Weight	KG
Payment term	Net 60 days
Due date	02/29/2012
Incoterms	CIP
Port of departure	USA

SOLD TO:...
.01110
SUNNICO INTERNATIONAL, INC
3 DUNHILL ROAD
NEW HYDE PARK NY 11042
USA

BILL TO:
SHEN ZHEN SUNNICO INTERNATION, INC.

SHIP TO:
5/FSaiba Dianzikeji Building NO.2Block, Langshan,
Langshan 2th Boad, North Hi-tech Industrial Park,
NanShan ShenZhen, P.R. China

Remittance:
Dunlee
P.O.Box 409975
Atlanta, GA30384-9975

Item	Material no. Description	Price	Quantity	Value
1.	DA100	5,800.00	1PC	5,800.00

Items total: 5800.00
Total: 5800.00

×××× 08:39:38 Customer

SZSPQG201110103

单证 14–4

999 – 9578 7591

Shipper's Name and Address | Shipper's Account Number: 3910002

DUNLEE
555 NO. COMMERCE 3T
AURORA
USA

Not negotiable

Air Waybill 中国国际航空公司

CAPITAL INTERNATIONAL AIRPORT
BEIJING, CHINA 100621

Issued by **AIR CHINA** BEIJING CHINA

Consignee's Name and Address | Consignee's Account Number

SHENZHEN SUNNICO INDUSTRY AND DEV CO.,LTD
NO.2, SAIBAI ELECTRONICS
BLOG. 5FL, 2ND LANGSHAN RD, NORTH
HI-TECH PARK

Copies 1,2 and 3 of this Air Waybill are originals and have the same validity

Issuing Carrier's Name and City
RADIANT GLOBAL LOGISTICS (DBACHI)
1472 ELMHURST ROAD
ELK GROVE VILLAGE, IL 60007(USA)

Accounting Information

FREIGHT PREPAID
DIRECT AIR WAYBILL
**MUST RIDE AS BOOKED **

Agent's IATA Code | Account No.

Airport of Departure (Addr. Of First Carrier) and Requested Routing

To	By First Carrier	Routing and Destination	to	by	to	by	Currency	CHGS Code	WT VAL PPD	WT VAL COLL	Other PPD	Other COLL	Declared Value for Carriage	Declared Value for Customs
FRA	C A		SZX	CA			USD		×		×		0	NCV

Airport of Destination	Flight/Date	For Carrier Use Only	Flight/Date	Amount of Insurance	INSURANCE
SHENZHEN, CHINA	CA1054/30		CA930/1	NIL	INSURANCE - If carrier offers insurance, and such insurance is requested in accordance with the conditions thereof, indicate amount to be insured in figures in box marked "Amount of Insurance".

Handling Information

NOTIFY CONSIGNEE UPON ARRIVAL

No. of Pieces RCP	Gross Weight	kg lb	Rate Class	Commodity Item No.	Chargeable Weight	Rate / Charge	Total	Nature and Quantity of Goods (incl. Dimensions or Volume)
1	603	K	Q		603	3.86	2327.58	X-RAY TUBES NON-HAZ 0.70CBM
AES ITN: X20113229032961								
1	603							

Prepaid	Weight Charge	Collect
2327.58		
	Valuation Charge	
	Tax	
	Total Other Charges Due Agent	
	Total Other Charges Due Carrier	
301.50		
Total Prepaid		Total Collect
2629.08		
Currency Conversion Rates		CC Charges in Dest. Currency
For Carriers Use only at Destination		Charges at Destination

Other Charges

Fuel Surcharge 241.20 Carrier

Shipper certifies that the particulars on the face hereof are correct and that insofar as any part of the consignment contains dangerous goods, such part is prosperity described by name and is in proper condition for carriage by air according to the applicable Dangerous Goods Regulations.

Signature of Shipper or his Agent

12/29/2011 ORD WEI YOUNG

Executed on (date) at (place) Signature of Issuing Carrier or its Agent

Total Collect Charges

单证 14-5

DUNLEE

Division of Philips Medical Systems
Philips Medical Systems (Cleveland) inc.
TEL.
FAX

Deliver note

Requested ship date	×××
Order number	495388 dated: ×××
Purchase order no.	20111231GR5 dated ：×××
Customer no.	3108
CSR	Jeff
Ship via	CUSTOMER APPOINTED FORWARDER
Way bill no.	
Del. Plant/storage loc.	AURORA/AUCE
Del. priority	System maintenance
Payment term	Net 60 days

SOLD TO :
SOLD TO:

SHEN ZHEN SUNNICO INTERNATION, INC

SHEN ZHEN SUNNICO INTERNATION, INC

Page 1/1

Item	Material No.	Description	Quantity
1	9896-055-82700 (82700)	DA100 .6 6.5	1 PC

49538

SHD00887045495388

THESE ITEM (S) may be subject to export controls, If so, they may not be sold or otherwise disposed of without prior written consent of the Seller. Where these commodities technology or software are subject to export regulations, the export or re-export without proper licenses or export license exceptions is strictly forbidden, these commodities, technology or software when exported from the United State, are in accordance with the U.S. Export Administration Regulations. Diversion contrary to U.S. Law is prohibited.

单证 14-6

深圳机场海关审批受理单

<table>
<tr><td>申请单号</td><td colspan="3">JC52BM1020111000061</td></tr>
<tr><td>企业名称</td><td>深圳桑尼可实业发展有限公司</td><td>联系人</td><td></td></tr>
<tr><td>企业性质</td><td>私营企业</td><td>联系电话</td><td></td></tr>
<tr><td>申请事由</td><td colspan="3">该公司于××××年××月至××××年××月间以一般贸易方式从美国进口“医用X射线管”6批（报关单号531720111171021538等6份），其中有1个医用X射线管无法正常使用，经中检公司检验认定存在质量问题，检验证书编号471211030049。经协商，双方同意将该货物退回厂商，并由厂商予以更换相同型号的货物，现货物已由境外抵达深圳机场，故申请无代价抵偿货物。</td></tr>
<tr><td>商品名称</td><td>医用X射线管</td><td>文件号：</td><td></td></tr>
<tr><td>数量</td><td>1个</td><td>价值（人民币）</td><td>5800</td></tr>
<tr><td>经办人审核意见</td><td colspan="3">经办人：　　复核人：　　日期：</td></tr>
<tr><td>主管科长审核意见</td><td colspan="3">科长：　　日期：</td></tr>
<tr><td>主管关长审核意见</td><td colspan="3"></td></tr>
</table>

单证 14-7

报关单录入/申报（进口）——未暂存状态

申报地海关		操作员		单位		海关十位编码	

统一编号		预录入编号									
海关编号		进口口岸									
备案号【1】		合同协议号									
进口日期		申报日期									
收发货人											
消费使用单位											
申报单位											
运输方式【3】	水路运输	运输工具名称		航次号							
提运单号		监管方式【1】	修理物品	征免性质【2】	其他法定	征税比例					
纳税单位		许可证号		起运国（地区）【3】	美国						
装货港【4】	美国	境内目的地		成交方式【5】	CIF						
运费【6】				保费【7】				杂费			
件数【2】	30	包装种类		毛重（KG）		净重（KG）					
贸易国（地区）		集装箱号		随附单证			其他事项确认				
报关单类型		备注									

序号	商品编号	备案序号	商品名称	规格	原产国(地区)	数量	单价	币制	总价	征免

商品序号		备案序号		商品编号		附加编号			
商品名称		规格型号							
成交数量【4】	30	成交单位【5】	件	成交单价		成交总价		币制【8】	美元
法定数量		法定单位		版本号		货　号		最终目的国（地区）	
第二数量		第二单位		原产国（地区）【6】	中国	征免【10】	全免		

集装箱号	规格	自重（KG）

集装箱号	
集装箱规格	
自重	

代码	随附单证编号

随附单证代码	
随附单证编号	

关联报关单	
关联备案	
保税/监管场所	
货场代码	

项目四　现场操作

XIANGMU SI XIANCHANG CAOZUO

任务十五 高密度聚乙烯项目

一、赛题说明

某公司因业务员操作失误造成箱型申报错误，请选手根据业务背景及资料进行相关作业和现场申报。

二、随附单证

本任务的随附单证见单证 15-1 至单证 15-12。

三、裁判单据

本任务的裁判单据见单证 15-13。

单证 15-1

中华人民共和国海关进口货物报关单

预录入编号：　　　　　　　　　　　　　　　　　海关编号：020220151020074057

进口口岸 东疆海关（0217）	备案号	进口日期	申报日期

经营单位 天津管路系统有限公司（1207230030）	运输方式 海运	运输工具名称 XIUMEISHANGHAI/0150W	提运单号 BUKAN151100075

收货单位 天津管路系统有限公司（1207230030）	贸易方式 一般贸易	征免性质 一般征税	征税比例

许可证号	起运国（地区） 韩国（133）	装货港 釜山（1480）	境内目的地 天津经济技术开发区 （12072）

批准文号	成交方式 CIF	运费	保费	杂费

合同协议号 Q1510005	件数 32	包装种类 包	毛重（千克） 24099.00	净重（千克） 24000.00

集装箱号 STXU4538326 1＊（1）	随附单证	用途

标记唛码及备注

项号	商品编号	商品名称、规格型号	数量及单位	原产国（地区）	单价	总价	币制	征免
	39012000.90	高密度聚乙烯	24000千克	韩国	1.505	36120.00	美元	照章征税

申报要素：外观：颗粒状 | 成分含量：聚乙烯>99% 添加剂<1% | 单体单元的种类和比例：乙烯：己烯：98：2 | 比重：0.9453 | 级别：中空级 | 品牌：BASELL | 型号：ACHD0002 | 签约日期：2015-11-20 | 用途：生产汽车油箱用 | 其他：无；英文缩写：HDPE

税费征收情况

录入员　录入单位	兹声明以上申报无讹并承担法律责任	海关审单批注及放行日期（签章）
报关员	申报单位（签章）	审单　　审价
单位地址		征税　　统计
邮编　　电话	填制日期	查验　　放行

单证 15-2

COMMERCIAL INVOICE

Seller:
Base Asia Pacific Ocean Ltd.
12/F Lee Garden Two
28 Yun Ping Road, Causeway Bay
Hong Kong China

INVOICE NUMBER:992527972
SALES ORDER NO:3960801

Buyer:
TIANJIN FLUID SYSTEMS CO., LTD

PURCH ORDER NO:Q1510005
DATE:19.11.2015

Ship-to:
TIANJIN FLUID SYSTEMS CO., LTD

ITEMS	DESCRIPTION OF GOODS	QUANTITY / NET WEIGHT	UNIT PRICE	AMOUNT
1	LUPOLEN 4261AG IN 750 KG BAG	24.000 MT	1,505.00 /MT	36,120.00 USD
INVOICE TOTAL				36,120.00 USD

VESSEL / AIRCRAFT
XIUMEI SHANGHAI

VOYAGE NO
150W

PORT OF LOADING
KWANGYANG, KOREAN

DATE OF DEPARTURE
19.11.2015

PORT OF DISCHARGE
XINGANG

TERMS OF DELIVERY
CIF

PAGE 1 OF

单证 15–3

COMMERCIAL INVOICE

Seller:
Base Asia Pacific Ocean Ltd.
12/F Lee Garden Two
28 Yun Ping Road, Causeway Bay
Hong Kong China

INVOICE NUMBER:992527972
SALES ORDER NO:3960801

Buyer:
TIANJIN FLUID SYSTEMS CO., LTD

PURCH ORDER NO:Q1510005
DATE:19.11.2015

Ship-to:
TIANJIN FLUID SYSTEMS CO., LTD

ITEMS	DESCRIPTION OF GOODS	QUANTITY / NET WEIGHT	UNIT PRICE	AMOUNT
1	LUPOLEN 4261AG IN 750 KG BAG	24.000 MT	1,505.00 /MT	36,120.00 USD
	INVOICE TOTAL			36,120.00 USD

VESSEL / AIRCRAFT
XIUMEI SHANGHAI

VOYAGE NO
150W

PORT OF LOADING
KWANGYANG, KOREAN

DATE OF DEPARTURE
19.11.2015

PORT OF DISCHARGE
XINGANG

TERMS OF DELIVERY
CIF

PAGE 1 OF

单证 15-4

ORDER

Seller:
Base Asia Pacific Ocean Ltd.
12/F Lee Garden Two
28 Yun Ping Road, Causeway Bay
Hong Kong China

INVOICE NUMBER:992527972

SALES ORDER NO:3960801

Buyer:
TIANJIN FLUID SYSTEMS CO., LTD

Ship-to:
TIANJIN FLUID SYSTEMS CO., LTD

PURCH ORDER NO:Q1510005

DATE:19.11.2015

ITEMS	DESCRIPTION OF GOODS	QUANTITY / NET WEIGHT	GROSS WEIGHT	NO OF BAGS
1	LUPOLEN 4261AG IN 750 KG BAG	24.000 MT	24.099 MT	32
	TOTAL	24.000 MT	24.099 MT	32

高密度聚乙烯

COUNTRY OF ORIGIN
Repub. of Korea

REMARKS
WE HEREBY CERTIFY THAT THE COUNTRY OF ORIGIN OF GOODS DESIGNATED ARE AS PER ABOVE.

PAGE 1 OF 1

单证 15-5

ORDER

Seller:
Base Asia Pacific Ocean Ltd.
12/F Lee Garden Two
28 Yun Ping Road, Causeway Bay
Hong Kong China

INVOICE NUMBER:992527972

SALES ORDER NO:3960801

Buyer:
TIANJIN FLUID SYSTEMS CO., LTD

PURCH ORDER NO:Q1510005

Ship-to:
TIANJIN FLUID SYSTEMS CO., LTD

DATE:19.11.2015

ITEMS	DESCRIPTION OF GOODS	QUANTITY / NET WEIGHT	GROSS WEIGHT	NO OF BAGS
1	LUPOLEN 4261AG IN 750 KG BAG	24.000 MT	24.099 MT	32
	TOTAL	24.000 MT	24.099 MT	32

高密度聚乙烯

COUNTRY OF ORIGIN
Repub. of Korea

REMARKS
WE HEREBY CERTIFY THAT THE COUNTRY OF ORIGIN OF GOODS DESIGNATED ARE AS PER ABOVE.

PAGE 1 OF 1

单证 15-6

进出口货物报关单修改/撤销表

编号：开发区海关〔2015 年〕　　号

<table>
<tr><td>报关单编号</td><td colspan="2">020220151020074057</td><td>报关单类别</td><td>■进口
□出口</td></tr>
<tr><td>经营单位名称</td><td colspan="2">天津管路系统有限公司</td><td>具体事项</td><td>■修改
□撤销</td></tr>
<tr><td>报关单位名称</td><td colspan="4">天津津通报关有限公司</td></tr>
<tr><td colspan="5">修改/撤销内容</td></tr>
<tr><td colspan="2">报关单数据项</td><td>项号</td><td>原填报内容</td><td>应填报内容</td></tr>
<tr><td rowspan="11">重点项目</td><td>商品编号</td><td></td><td></td><td></td></tr>
<tr><td>商品名称及规格型号</td><td></td><td></td><td></td></tr>
<tr><td>币制</td><td></td><td></td><td></td></tr>
<tr><td>单价</td><td></td><td></td><td></td></tr>
<tr><td>总价</td><td></td><td></td><td></td></tr>
<tr><td>原产国（地区）/最终目的国（地区）</td><td></td><td></td><td></td></tr>
<tr><td>贸易方式（监管方式）</td><td></td><td></td><td></td></tr>
<tr><td>成交方式</td><td></td><td></td><td></td></tr>
<tr><td>箱型</td><td></td><td>20 尺（S）</td><td>40 尺（L）</td></tr>
<tr><td></td><td></td><td></td><td></td></tr>
<tr><td></td><td></td><td></td><td></td></tr>
<tr><td colspan="5">修改或者撤销原因：
□出口货物放行后，由于装运、配载等原因造成原申报货物部分或者全部退关、变更运输工具的；
□进出口货物在装载、运输、存储过程中因溢短装、不可抗力的灭失、短损等原因造成原申报数据与实际货物不符的；
□由于办理退补税、海关事务担保等其他海关手续需要修改或者撤销的；
□根据贸易惯例先行采用暂时价格成交、实际结算时按商检品质认定或者国际市场实际价格付款方式需要修改申报内容的；
□已申报进口货物办理直接退运手续时，需要修改或者撤销原进口货物报关单的；
□由于计算机、网络系统等方面的原因导致电子数据申报错误的；
■由于报关人员操作或者书写失误造成所申报的报关单内容有误的。
其他需要说明的情况：由于操作人员失误，导致箱型申报错误，现向贵关申请更改箱型。
兹声明以上理由和内容无讹，随附证明资料真实有效，如有虚假，愿承担法律责任。
单位印章
2015 年 11 月 24 日</td></tr>
<tr><td colspan="5">海关意见：
海关印章
年　　月　　日</td></tr>
</table>

单证 15-7

情况说明

致天津开发区海关：

我司天津津通报关有限公司代理天津管路系统有限公司于 2015 年 11 月 24 日申报一票进口货物，详细信息如下：

报关单号：

船名航次：XIUMEISHANGHAI/0150W

提单号：BUKAN151100075

箱号：STXU4538326 40HC

通关方式：无纸申报，并上传发票

由于我司操作失误造成箱型申报错误，原申报箱型 20 尺，应改成 40 尺，现向贵关申请更改箱型，感谢贵关对我司的大力支持，给贵关带来的麻烦我司很抱歉，以后会严格要求我司操作人员，避免出现类似错误，望贵关给予协助办理！

此致

敬礼

天津津通报关有限公司

2015-11-24

单证 15-8

中国外运天津集团船务代理公司
SINOTRANS TINAJIN MARING SHIPPING AGENCY
提货单
（DELIVERY ORDERY）

收货人 TIANJIN PLUID SYSTEMS CO., LTD				下列货物已办妥，运费结清请准许交付收款人	
船名：XINMEI SHANGHAI	航次：0150W	起运港：KWANGYANG		唛头：	
提单号 PABUKAN151100075	交付条款：CY/CY	目的港：TIANJIN XINGANG			
卸货地点:太平洋国际	进场日期：	箱进口状态：F			
抵港日期：2015-11-21	到付运费：	备注：			
一程船：	提单号：				
集装箱/船封号	货物名称	件数与包装		重量(KGS)	体积（m³）
STXU4538326/PANP O80436’	SHIPPER’S LOAD, COUNT& SEAL SAID TO CONTAIN: 24.00 MT OF LUPOLEN 4261AG IN 750 KG BAG	32 BAGS 1×40’HC		24099.40	36.000

请核对放货。

凡属法定检验，检疫的进口商品，必须向有关监督机构申报。

中国外运天津集团船务代理公司
提货专用章

货主自付
港口费用

海 关 章	0203201510300027206		

单证 15-9

中国外运天津集团船务代理公司

SINOTRANS TINAJIN MARING SHIPPING AGENCY

提货单

（DELIVERY ORDERY）

收货人 TIANJIN PLUID SYSTEMS CO., LTD			下列货物已办妥，运费结清请准许交付收款人
船名: XINMEI SHANGHAI	航次: 0150W	起运港：KWANGYANG	唛头：
提单号 PABUKAN151100075	交付条款：CY/CY	目的港：TIANJIN XINGANG	
卸货地点:太平洋国际	进场日期：	箱进口状态：F	
抵港日期：2015-11-21	到付运费：	备注：	
一程船：	提单号：		

集装箱/船封号	货物名称	件数与包装	重量(KGS)	体积（m^3）
STXU4538326/PANP O80436’	SHIPPER’S LOAD, COUNT& SEAL SAID TO CONTAIN: 24.00 MT OF LUPOLEN 4261AG IN 750 KG BAG	32 BAGS 1×40’HC	24099.40	36.000

请核对放货。

中国外运天津集团船务代理公司
提货专用章

货主自付
港口费用

凡属法定检验，检疫的进口商品，必须向有关监督机构申报。

海 关 章	0203201510300027206		

单证 15-10

PACKING LIST

Seller:
Base Asia Pacific Ocean Ltd.
12/F Lee Garden Two
28 Yun Ping Road, Causeway Bay
Hong Kong China

INVOICE NUMBER:992527972

Buyer:
TIANJIN FLUID SYSTEMS CO., LTD

SALES ORDER NO:3960801

Ship-to:
TIANJIN FLUID SYSTEMS CO., LTD

PURCH ORDER NO:Q1510005

DATE:19.11.2015

ITEMS	DESCRIPTION OF GOODS	QUANTITY / NET WEIGHT	GROSS WEIGHT	NO OF BAGS
1	LUPOLEN 4261AG IN 750 KG BAG	24.000 MT	24.099 MT	32
	TOTAL	24.000 MT	24.099 MT	32

REMARKS

PAGE 1 OF 1

单证 15–11

PACKING LIST

Seller:
Base Asia Pacific Ocean Ltd.
12/F Lee Garden Two
28 Yun Ping Road, Causeway Bay
Hong Kong China

INVOICE NUMBER:992527972

SALES ORDER NO:3960801

Buyer:
TIANJIN FLUID SYSTEMS CO., LTD

Ship-to:
TIANJIN FLUID SYSTEMS CO., LTD

PURCH ORDER NO:Q1510005

DATE:19.11.2015

ITEMS	DESCRIPTION OF GOODS	QUANTITY / NET WEIGHT	GROSS WEIGHT	NO OF BAGS
1	LUPOLEN 4261AG IN 750 KG BAG	24.000 MT	24.099 MT	32
	TOTAL	24.000 MT	24.099 MT	32

REMARKS

PAGE 1 OF 1

单证 15-12

代理报关委托书

我单位现 A（A. 逐票✓ B. 长期）委托贵公司代理 A 等通关事宜。（A. 填单申报✓ B. 辅助查验 C. 垫缴税款 D. 办理海关证明联 E. 审批手册 F. 核销手册 G. 申办减免税手续 H. 其他）详见《委托报关协议》。

我单位保证遵守《海关法》和国家有关法规，保证所提供的情况真实、完整、单货相符，无侵犯他人知识产权的行为。否则，愿承担相关法律责任。

本委托书有效期自签字之日起至 2016 年 12 月 31 日。

委托方（盖章）：

法定代表人或其授权签署《代理报关委托书》的人（签字）

2016 年 01 月 10 日

委托报关协议

为明确委托报关具体事项和各自责任，双方经平等协商签订协议如下：

委托方	天津管路系统有限公司
主要货物名称	高密度聚乙烯
H. S. 编码	39012000. 90
货物总价	36120. 00 美元
进出口日期	
提单号	
贸易方式	一般贸易
原产地/货源地	
其他要求：	
背面所列通用条款是本协议不可分割的一部分，对本协议的签署构成了对背面通用条款的同意。	
委托方业务签章： 经办人签章： 联系电话： 年 月 日	

被委托方	
＊报关单编码	
收到单证日期	
收到单证情况	合同☐发票☑
	装箱清单☑提（运单）☐
	加工贸易手册☐许可证件☐
	其他
报关收费	人民币： 元
承诺说明：	
背面所列通用条款是本协议不可分割的一部分，对本协议的签署构成了对背面通用条款的同意。	
被委托方业务签章： 经办报关员签章： 联系电话： 年 月 日	

CCBA （白联：海关留存，黄联：委托方留存，红联：委托方留存） 中国报关协会监制

单证 15–13

中华人民共和国海关进口货物报关单

预录入编号：　　　　　　　　　　　　　　　　　　海关编号：020220151020074057

进口口岸 东疆海关（0217）	备案号		进口日期	申报日期
经营单位 天津管路系统有限公司（1207230030）	运输方式 海运	运输工具名称 XIUMEISHANGHAI/0150W		提运单号 BUKAN151100075
收货单位 天津管路系统有限公司（1207230030）	贸易方式 一般贸易		征免性质 一般征税	征税比例
许可证号	起运国（地区） 韩国（133）	装货港 釜山（1480）		境内目的地 天津经济技术开发区（12072）
批准文号	成交方式 CIF	运费	保费	杂费
合同协议号 Q1510005	件数 32	包装种类 包	毛重（千克） 24099.00	净重（千克） 24000.00
集装箱号 STXU4538326 1＊（2）	随附单证			用途
标记唛码及备注				

项号	商品编号	商品名称、规格型号	数量及单位	原产国（地区）	单价	总价	币制	征免
	39012000.90	高密度聚乙烯	24000 千克	韩国	1.505	36120.00	美元	照章征税

申报要素：外观：颗粒状｜成分含量：聚乙烯>99% 添加剂<1%｜单体单元的种类和比例：乙烯：己烯：98：2｜比重：0.9453｜级别：中空级｜品牌：BASELL｜型号：ACHD0002｜签约日期：2015-11-20｜用途：生产汽车油箱用｜其他：无；英文缩写：HDPE

税费征收情况

录入员　录入单位	兹声明以上申报无讹并承担法律责任	海关审单批注及放行日期（签章）
报关员	申报单位（签章）	审单　　审价
单位地址		征税　　统计
邮编　　电话	填制日期	查验　　放行

任务十六　标签项目

一、赛题说明

某公司海运进口一批标签，请选手根据业务背景及资料进行现场作业。

二、随附单证

本任务的随附单证见单证 16-1 至单证 16-11。

三、裁判单据

本任务的裁判单据见单证 16-12 至单证 16-13。

单证 16–1

代理报关委托书

编号：

我单位现 A（A. 逐票✓、B. 长期）委托贵公司代理 A 等通关事宜。（A. 报关查验✓　B. 垫缴税款　C. 办理海关证明联　D. 审批手册　E. 核销手册　F. 申办减免税手续　G. 其他）详见《委托报关协议》。

我单位保证遵守《海关法》和国家有关法规，保证所提供的情况真实、完整、单货相符，无侵犯他人知识产权的行为。否则，愿承担相关法律责任。

本委托书有效期自签字之日起至 2016 年 12 月 31 日。

委托方（盖章）：

法定代表人或其授权签署《代理报关委托书》的人（签字）

2016 年 1 月 11 日

委托报关协议

为明确委托报关具体事项和各自责任，双方经平等协商签订协议如下：

委托方	衡水文化产业有限公司
主要货物名称	不成卷自粘塑料标签
H. S. 编码	0302141000
进出口日期	2016 年 1 月 8 日
提单号	SJITL19045L
贸易方式	进料对口
原产地/货源地	韩国
传真电话	
其他要求：	
背面所列通用条款是本协议不可分割的一部分，对本协议的签署构成了对背面通用条款的同意。	
委托方业务签章： 经办人签章： 联系电话： 2016 年 1 月 11 日	

被委托方	天津×××报关有限公司	
＊报关单编码	No. ×××××××××	
收到单证日期	2016 年 1 月 11 日	
收到单证情况	合同□	发票□
	装箱清单□	提（运单）□
	加工贸易手册□	许可证件□
	其他	
报关收费	人民币：　　　元	
承诺说明：		
背面所列通用条款是本协议不可分割的一部分，对本协议的签署构成了对背面通用条款的同意。		
被委托方业务签章： 经办报关员签章： 联系电话： 2016 年 1 月 11 日		

CCBA　（白联：海关留存，黄联：委托方留存，红联：委托方留存）　中国报关协会监制

单证 16-2

代理报检委托书

编号：

机场出入境检验检疫局：

本委托人（备案号/组织机构代码 1311000022）保证遵守国家有关检验检疫法律、法规的规定，保证所提供的委托报检事项真实、单货相符。否则，愿承担相关法律责任。具体委托情况如下：

本委托人将于 2016 年 1 月间进口/出口如下货物：

品名	标签等	HS 编码	39199090
数（重）量	61KG	包装情况	纸箱
信用证/合同号	/	许可文件号	/
进口货物收货单位及地址	衡水文化产业有限公司	进口货物提/运单号	SJITL19045L
其他特殊要求			

特委托＿＿＿＿＿＿＿（代理报检注册登记号＿＿＿＿＿＿），代表本委托人办理上述货物的下列出入境检验检疫事宜：

□1. 办理报检手续；

□2. 代缴纳检验检疫费；

□3. 联系和配合检验检疫机构实施检验检疫；

□4. 领取检验检疫证单；

□5. 其他与报检有关的相关事宜：＿＿＿＿＿＿＿＿

联系人：董小姐

联系电话：555555

本委托书有效期至 2016 年 12 月 31 日

委托人（加盖公章）

2016 年 1 月 11 日

受托人确认声明

本企业完全接受本委托书，保证履行以下职责：

1. 对委托人提供的货物情况和单证的真实性、完整性进行核实；
2. 根据检验检疫有关法律法规规定办理上述货物的检验检疫事宜；
3. 及时将办结检验检疫手续的有关委托内容的单证、文件移交委托人或其指定的人员；
4. 如实告知委托人检验检疫部门对货物的后续检验检疫及监管要求。

如在委托事项中发生违法或违规行为，愿承担相关法律和行政责任。

联系人：＿＿＿＿＿＿

联系电话：＿＿＿＿＿

受托人（加盖公章）

年　　月　　日

单证 16-3

<table>
<tr><td colspan="2">ISSUER
A.B.KOREA INDUSTRIES INC.
DO BONG P.O.BOX 82, SEOUL
TEL:</td><td colspan="3">COMMERCIAL INVOICE</td></tr>
<tr><td colspan="2">TO
HENGSHUI CULTURAL INDUSTRIAL CO.,LTD
NANHUAN RD, LICUN COUNTY, HENGSHUI CITY, HEBEI, CHINA
TEL: FAX:</td><td>NO.
HS-160105</td><td colspan="2">DATE
6-Jan-16</td></tr>
<tr><td colspan="2" rowspan="2">TRANSPORT DETAILS</td><td>S/C NO.</td><td colspan="2">L/C NO.</td></tr>
<tr><td colspan="3">TERMS OF PAYMENT
T/T</td></tr>
<tr><td rowspan="2">Marks and Numbers</td><td rowspan="2">Number and kind of package
Description of goods</td><td rowspan="2">Quantity</td><td>Unit Price</td><td>Amount</td></tr>
<tr><td colspan="2">CIF, TIANJIN</td></tr>
<tr><td></td><td>STATIONERY ACCESSORIES
LABEL</td><td>61KG</td><td>$11.000</td><td>$671.00</td></tr>
<tr><td></td><td></td><td>Total: 61KG</td><td></td><td>$671.00</td></tr>
<tr><td colspan="5">SAY OTAL:</td></tr>
</table>

单证 16-4

<table>
<tr><td colspan="2">ISSUER
A.B.KOREA INDUSTRIES INC.
DO BONG P.O.BOX 82, SEOUL
TEL:</td><td colspan="3">COMMERCIAL INVOICE</td></tr>
<tr><td colspan="2" rowspan="2">TO
HENGSHUI CULTURAL INDUSTRIAL CO.,LTD
NANHUAN RD, LICUN COUNTY, HENGSHUI CITY, HEBEI, CHINA
TEL: FAX:</td><td colspan="3"></td></tr>
<tr><td>NO.
HS-160105</td><td colspan="2">DATE
6-Jan-16</td></tr>
<tr><td colspan="2" rowspan="2">TRANSPORT DETAILS</td><td>S/C NO.</td><td colspan="2">L/C NO.</td></tr>
<tr><td colspan="3">TERMS OF PAYMENT
T/T</td></tr>
<tr><td rowspan="2">Marks and Numbers</td><td rowspan="2">Number and kind of package
Description of goods</td><td rowspan="2">Quantity</td><td>Unit Price</td><td>Amount</td></tr>
<tr><td colspan="2">CIF, TIANJIN</td></tr>
<tr><td></td><td>STATIONERY ACCESSORIES
LABEL</td><td>61KG</td><td>$11.000</td><td>$671.00</td></tr>
<tr><td></td><td></td><td>Total: 61KG</td><td></td><td>$671.00</td></tr>
<tr><td colspan="5">SAY OTAL:</td></tr>
</table>

单证 16-5

合同
CONTRACT

卖方 SELLER:	A.B.KOREA INDUSTRIES INC. DO BONG P.O.BOX 82, SEOUL TEL:	编号 NO.: 日期 DATE: 地点 SIGNED IN:	CI-150820 AUG 20, 2015
买方 BUYER:	HENGSHUI CULTURAL INDUSTRIAL CO.,LTD NANHUAN RD, LICUN COUNTY, HENGSHUCITY, HEBEI, CHINA TEL: FAX:		

买卖双方同意以下条款达成交易：

This contract Is made by and agreed between the BUYER and SELLER, in accordance with the terms and conditions stipulated below.

1. 品名及规格 Commodity & Specification	2. 数量 Quantity	3. 单价及价格条款 Unit Price & Trade Terms	4. 金额 Amount
STATIONERY ACCESSORIES			CIF, TIANJIN
LABEL (55mm × 30mm)	1,000.00KG	$11.000	US$11,000.00
GLUE (100A)	2,000.00KG	$3.000	US$6,000.00
Total:	3,000KG		US$17,000.00

允许 溢短装，由卖方决定

With More or less of shipment allowed at the sellers' option

5. 总值 美元壹万柒仟元整
   Total Value USD 17,000.00

6. 包装 PACK IN CARTONS, NO WOODEN PACKING
   Packing

7. 唛头 N/M
   Shipping Marks

8. 装运期及运输方式 BY AIR
   Time of Shipment & means of Transportation

9. 装运港及目的地 FROM THE LOADING OF INCHEON TO TIANJIN
   Port of Loading & Destination

10. 保险
    Insurance

11. 付款方式 T/T 30 DAYS PR. INVOICE DATE
    Terms of Payment

12. 备注 N/M
    Remarks

The Buyer	The Seller
CANGZHOU INNEEST INDUSTRIAL CO.,LTD	A.B.KOREA INDUSTRIES INC
(signature)	(signature)

单证 16-6

合同
CONTRACT

卖方 SELLER:	A.B.KOREA INDUSTRIES INC. DO BONG P.O.BOX 82, SEOUL TEL:	编号 NO.: 日期 DATE: 地点 SIGNED IN:	CI-150820 AUG 20, 2015
买方 BUYER:	HENGSHUI CULTURAL INDUSTRIAL CO.,LTD NANHUAN RD, LICUN COUNTY, HENGSHUCITY, HEBEI, CHINA TEL: FAX:		

买卖双方同意以下条款达成交易：

This contract Is made by and agreed between the BUYER and SELLER, in accordance with the terms and conditions stipulated below.

1. 品名及规格 Commodity & Specification	2. 数量 Quantity	3. 单价及价格条款 Unit Price & Trade Terms	4. 金额 Amount
STATIONERY ACCESSORIES			CIF, TIANJIN
LABEL (55mm × 30mm)	1,000.00KG	$11.000	US$11,000.00
GLUE (100A)	2,000.00KG	$3.000	US$6,000.00
Total:	3,000KG		US$17,000.00

允许 溢短装，由卖方决定

With More or less of shipment allowed at the sellers' option

5. 总值 美元壹万柒仟元整

   Total Value USD 17,000.00

6. 包装 PACK IN CARTONS, NO WOODEN PACKING

   Packing

7. 唛头 N/M

   Shipping Marks

8. 装运期及运输方式 BY AIR

   Time of Shipment & means of Transportation

9. 装运港及目的地 FROM THE LOADING OF INCHEON TO TIANJIN

   Port of Loading & Destination

10. 保险

    Insurance

11. 付款方式 T/T 30 DAYS PR. INVOICE DATE

    Terms of Payment

12. 备注 N/M

    Remarks

The Buyer	The Seller
CANGZHOU INNEEST INDUSTRIAL CO.,LTD	A.B.KOREA INDUSTRIES INC
(signature)	(signature)

单证 16-7

中华人民共和国海关进口货物报关单

预录入编号： 海关编号：

进口口岸 秦皇岛关		备案号 C03025550022	进口日期 20160108	申报日期 20160111
经营单位 1311940011		运输方式 水路运输	运输工具名称	提运单号 SJITL19045L
收货单位 1311940011		贸易方式 进料加工	征免性质 进料对口	征税比例
许可证号	起运国（地区） 韩国	装货港 韩国		境内目的地 13119
批准文号	成交方式 CIF	运费	保费	杂费
合同协议号 CI-150820	件数 20	包装种类 纸箱	毛重（千克） 73	净重（千克） 61
集装箱号	随附单证			用途 加工返销
标记唛码及备注 SJITL19045L 拼箱				

项号	商品编号	商品名称、规格型号	数量及单位	原产国（地区）	单价	总价	币制	征免
01（2）	39199090	不成卷自粘塑料标签	61 千克	韩国	11.00	671.00	美元	全免

税费征收情况		
录入员 录入单位	兹声明以上申报无讹并承担法律责任	海关审单批注及放行日期（签章）
报关员	申报单位（签章）	审单 审价
单位地址		征税 统计
邮编 电话	填制日期	查验 放行

单证 16-8

中华人民共和国出入境检验检疫
入境货物报检单

报检单位(加盖公章)： 衡水文化产业有限公司　　　　*编号

报检单位登记号：　　　　联系人：　　　　电话：　　　　报检日期：　年　月　日

收货人	（中文）				企业性质（划“√”）	□合资	
	（外文）						
发货人	（中文）						
	（外文）						
选择	货物名称(中/外文)	H.S.编码	原产国（地区）	数/重量	货物总值	包装种类及件数	
	标签						
运输工具名称号码				合同号			
贸易方式		贸易国家(地区)		提单/运单号			
到货日期		起运国家(地区)		许可证/审批号			
卸毕日期		起运口岸		入境口岸			
索赔有效期至		经停口岸		目的地			
集装箱规格、数量及号码							
合同订立的特殊条款以及其他要求				货物存放地点			
				用　　途			
随附单据（划“√”或补填）		标记及号码		*外商投资财产（划“√”）	□否		
□许可/审批文件	□到货通知			*检验检疫费			
				总金额（人民币元）			
				计费人			
				收费人			
报检人郑重声明： 1.本人被授权报验。 2.上列填写内容正确属实。 签名： -------------				领取证单			
				日期			
				签名			

秦皇岛出入境检验检疫局 验讫章

注：有“*”号栏由出入境检验检疫机关填写　　　　◆国家质检总局制

单证 16-9

BILL OF LADING

OR MULTIMODAL TRANSPORT DOCUMENT

Consignor/Shipper A.B.KOREA INDUSTRIES INC. DO BONG P.O.BOX 82, SEOUL, SEOUL, KOREA TEL:	Bill of Lading No SJITL19045L
Consignee (Complete Name and Address/Non-Negotlable Unless Consigned to Order) HENGSHUI CULTURAL INDUSTRIAL CO.,LTD NANHUAN RD, LICUN COUNTY, HENGSHUI CITY, HEBEI, CHINA TEL: FAX:	**SUNGJIN TRADE CO.,LTD** 10-8, HANGDONG 7GA, JUNGGU, INCHON, KOREA TEL: FAX:
Notify Party SAME AS CONSIGNEE	For delivery of Goods Please Apply to: TIANJIN PORT FREE TRADE ZONE ZHENCHENG INTERNATIONAL TRADE CO.,LTD TEL: FAX:
Pre-Carriage by / Place of Receipt INCHON, KOREA	
Vessel/Voyage No. XIN YU JIN XIANG 1603W	Port of Loading INCHON, KOREA

Port of Discharge	Place of Delivery	Final Destination (For the Merchant's Ref, Only)
QINHUANGDAO, CHINA	TIANJIN, CHINA	TIANJING, CHINA

Particulars Furnished by Consignor/Shipper

Container No.& Seal No. Marks & No.	No.& Kinds of Containers of Packages	Description of Goods	Gross Weight (KGS)	Measurement (CBM)
F.S.K Q'TY: C/NO:1-20 MADE IN KOREA CFS/CFS DRYU9040223/787980/ 20CT/278.00KG/1.022CBM Excess Valve Deciaration Refer to Ⅱ-4.3	20 CARTONS	SAID TO CONTAIN: COSMETIC ACCESSORIES FREIGHT PREPAID	73.00KGS	1.022CBM LOADED ON BOARD JAN.08.2016

Total Number of Containers Or Packages Words	Freight Payable at
SAY: TWENTY (20) CARTONS ONLY	**SEOUL KOREA**

Freight & Charges	Prepaid	Collect	
FREIGHT PREPAID AS ARRANGED			RECEIVED in external apparent good order and condition except as other-Wise noted. The total number of packages or unites stuffed in the container,The description of the goods and the weights shown in this Bill of Lading areFurnished by the Merchants, and which the carrier has no reasonable means of checking and is not a part of this Bill of Lading contract. The carrier hasIssued the number of Bills of Lading stated below, all of this tenor and date, One of the original Bills of Lading must be surrendered and endorsed or sig-Ned against the delivery of the shipment and whereupon any other originalBills of Lading shall be void. The Merchants agree to be bound by the termsAnd conditions of this Bill of Lading as if each had personally signed this Bill of Lading. SEE clause 4 on the back of this Bill of Lading (Terms continued on the back Hereof, please read carefully). Applicable Only When Document Used as a Combined Transport Bill of Lading.
Place and Date of Issue INCHON, KOREA JAN.08.2016	No.of Original B/L ZERO/O		Signature SUNGJIN TRADE CO., LTD As a Carrer
Bill of Ladiing No. SJITL19045L QIFRINQHF118119			

单证 16-10

ISSUER A.B.KOREA INDUSTRIES INC. DO BONG P.O.BOX 82, SEOUL	**装箱单** **PACKING LIST**
TO HENGSHUI CULTURAL INDUSTRIAL CO.,LTD NANHUAN RD, LICUN COUNTY, HENGSHUI CITY, HEBEI, CHINA TEL: FAX:	INVOICE NO. HS-160105 / DATE 6-Jan-16

Marks and Numbers	Number and kind of package Description of goods	Quantity	Package	G.W	N.W	Meas.
1-4,19-20	LABEL	61KG	20C/T	73.0	61.0	
	TOTAL: 61.00			73.0	61.0	

SAY TOTAL: C/NO.:1-20

MADE IN KOREA

单证 16–11

ISSUER A.B.KOREA INDUSTRIES INC. DO BONG P.O.BOX 82, SEOUL	装箱单 **PACKING LIST**
TO HENGSHUI CULTURAL INDUSTRIAL CO.,LTD NANHUAN RD, LICUN COUNTY, HENGSHUI CITY, HEBEI, CHINA TEL: FAX:	INVOICE NO. HS-160105 DATE 6-Jan-16

Marks and Numbers	Number and kind of package Description of goods	Quantity	Package	G.W	N.W	Meas.
1-4,19-20	LABEL	61KG	20C/T	73.0	61.0	
	TOTAL: 61.00			73.0	61.0	

SAY TOTAL: C/NO.:1-20

MADE IN KOREA

单证 16-12

中国外运天津集团船务代理公司

SINOTRANS TIANJIN MARING SHIPPING AGENCY

提货单

DELIVERY ORDER

<table>
<tr><td colspan="3">收货人
HENGSHUI CULTURAL INDUSTRIAL CO.,LTD
NANHUAN RD, LICUN COUNTY, HENGSHUI CITY, HEBEI, CHINA
通知人
HENGSHUI CULTURAL INDUSTRIAL CO.,LTD
NANHUAN RD, LICUN COUNTY, HENGSHUI CITY, HEBEI, CHINA</td><td colspan="3">下列货物已办妥手续，运费结清请准许交付收货人</td></tr>
<tr><td>船名：
XIN YU JIN XIANG</td><td>航次：
1603W</td><td>起运港：
INCHON</td><td colspan="3" rowspan="5">唛头：
SHIP TO BEIJING CHINA MADE IN JAPAN INO NO. SAKU-12-0010</td></tr>
<tr><td>提单号：
SJITL19045L</td><td>交付条款：
CFS/CFS</td><td>目的港：
天津</td></tr>
<tr><td>卸货地点：
秦皇岛</td><td>进场日期：</td><td>箱进口状态：</td></tr>
<tr><td>抵港日期：</td><td>到付运费</td><td>备注：TLX</td></tr>
<tr><td>一程船：</td><td colspan="2">提单号：</td></tr>
<tr><td>集装箱/铅封号</td><td colspan="2">货物名称</td><td>件数与包装</td><td>重量（KG）</td><td>体积（m³）</td></tr>
<tr><td>STKU0000092/09139</td><td colspan="2"></td><td>20 CARTONS</td><td>73.00 KGS</td><td>1.022</td></tr>
<tr><td colspan="6">请核对放货。

凡属法定检验，检疫的进口商品，必须向有关监督机关申报。　　中国外运天津船务代理公司</td></tr>
<tr><td>海关章</td><td colspan="2"></td><td colspan="2"></td><td></td></tr>
</table>

单证 16-13

中国外运天津集团船务代理公司
SINOTRANS TIANJIN MARING SHIPPING AGENCY
提货单
DELIVERY ORDER

收货人 HENGSHUI CULTURAL INDUSTRIAL CO.,LTD NANHUAN RD, LICUN COUNTY, HENGSHUI CITY, HEBEI，CHINA 通知人 HENGSHUI CULTURAL INDUSTRIAL CO.,LTD NANHUAN RD, LICUN COUNTY, HENGSHUI CITY, HEBEI, CHINA	下列货物已办妥手续，运费结清请准许交付收货人

船名： XIN YU JIN XIANG	航次： 1603W	起运港： INCHON	唛头： SHIP TO BEIJING CHINA MADE IN JAPAN INO NO. SAKU-12-0010
提单号： SJITL19045L	交付条款： CFS/CFS	目的港： 天津	
卸货地点： 秦皇岛	进场日期：	箱进口状态：	
抵港日期：	到付运费	备注：TLX	
一程船：	提单号：		

集装箱/铅封号	货物名称	件数与包装	重量（KG）	体积（m^3）
STKU0000092/09139		20 CARTONS	73.00 KGS	1.022

请核对放货。

凡属法定检验，检疫的进口商品，必须向有关监督机关申报　　中国外运天津船务代理公司

海关章			
秦皇岛出入境检验检疫局 验讫章			

任务十七　脱水胡萝卜项目

一、赛题说明

天津喜宝食品有限公司向海关申报出口脱水胡萝卜。

二、随附单证

本任务的随附单证见单证 17-1 至单证 17-10。

三、裁判单据

本任务的裁判单据见单证 17-11 至单证 17-20。

单证 17-1

中华人民共和国出入境检验检疫
出境货物通关单

编号：321200212014163000

<table>
<tr><td colspan="3">1.发货人
天津喜宝食品有限公司
***</td><td rowspan="3">5.标记及号码
N/M</td></tr>
<tr><td colspan="3">2.收货人
SHINE WOO INDUSTRIES
168-18, YONGSU-RI, CHOWOL-MYEON, KWANGJU-SI, KYONGKI-DO, KOREA 031731-4008</td></tr>
<tr><td>3.合同/信用证号
XH16008/*****</td><td colspan="2">4.输往国家或地区
韩国</td></tr>
<tr><td>6.运输工具名称及号码
船舶 ***</td><td colspan="2">7.发货日期
***</td><td>8.集装箱规格及数量
海运 40 尺普通 1 个</td></tr>
<tr><td>9.货物名称及规格
脱水胡萝卜/脱水
***
（以下空白）</td><td>10.H.S.编码
***
（以下空白）</td><td>11.申报总值
28000 美元
***
（以下空白）</td><td>12.数/重量、包装数量及种类
5000 千克
500 纸箱
（以下空白）</td></tr>
<tr><td colspan="4">13.证明
上述货物业已报检/申报，请海关予以放行。
本通关单有效期至二〇一三年五月二十三日
签字：　　　　日期：2013 年 04 月 24 日
天津出入境检验检疫局
验讫章</td></tr>
<tr><td colspan="4">14.备注</td></tr>
</table>

[2-2（2000.1.1）]　　①货物通关

单证 17-2

中华人民共和国海关出口货物报关单

数据中心统一编号：　　　预录入编号：　　　申报现场：　　　海关编号：

出口口岸	备案号	出口日期	申报日期
经营单位 天津喜宝食品有限公司	运输方式 水路运输	运输工具名称	提运单号
收货单位 天津喜宝食品有限公司	贸易方式 一般贸易	征免性质 一般征税	结汇方式

许可证号	运抵国（地区）	指运港	境内货源地

批准文号	成交方式 CFR	运费	保费	杂费
合同协议号 XH16008	件数 500	包装种类 纸箱	毛重（千克） 5500	净重（千克） 5000

集装箱号	随附单证	生产厂家

标记唛码及备注

项号	商品编号	商品名称、规格型号	数量及单位	原产国（地区）	单价	总价	币制	征免
1		脱水胡萝卜	5000KG	中国	5.6	28000	美元	照章征税

税费征收情况

录入员　录入单位	兹声明以上申报无讹并承担法律责任	海关审单批注及放行日期（签章） 审单　　审价
报关员	申报单位（签章）	征税　　统计
单位地址		
邮编　　电话	填制日期	查验　　放行

单证 17-3

中华人民共和国海关出口货物报关单

数据中心统一编号：　　预录入编号：　　申报现场：　　海关编号：

出口口岸	备案号	出口日期	申报日期
经营单位 天津喜宝食品有限公司	运输方式 水路运输	运输工具名称	提运单号
收货单位 天津喜宝食品有限公司	贸易方式 一般贸易	征免性质 一般征税	结汇方式

许可证号	运抵国（地区）	指运港	境内货源地
批准文号	成交方式 CFR	运费	保费	杂费

合同协议号	件数	包装种类	毛重（千克）	净重（千克）
XH16008	500	纸箱	5500	5000

集装箱号	随附单证	生产厂家

标记唛码及备注

项号	商品编号	商品名称、规格型号	数量及单位	原产国（地区）	单价	总价	币制	征免
1		脱水胡萝卜	5000KG	中国	5.6	28000	美元	照章征税

税费征收情况

录入员　录入单位	兹声明以上申报无讹并承担法律责任	海关审单批注及放行日期（签章）
报关员　　申报单位（签章）		审单　　审价
单位地址		征税　　统计
邮编　　电话　　填制日期		查验　　放行

单证 17-4

天津喜宝食品有限公司
TIANJIN XIBAO FOODS CO.,LTD

No. 12 XINGANG ROAD, TIANJIN ECONOMIC-TECHNOLOGICAL DEVELOPMENT
AREA，TIANJIN, CHINA
TEL: FAX:

COMMERCIAL INVOICE

TO: SHINE WOO INDUSTRIES
168-18, YONGSU-RI, CHOWOL-MYEON, KWANGJU-SI, KYONGKI-DO, KOREA
031731-4008

CONTRACT NO: XH16008
DATE: 2013.06.20
INVOICE NO: XH16008

MARKS	DESCRIPTION	QUANTITY	UNIT PRICE	AMOUNT
N/M	DEHYDRATED CARROTS	5000KGS	CFR BUSAN USD 5.60/KG	USD 28000.00

SAY US DOLLARS TWENTY EIGHT THOUSAND HUNDRED ONLY
TOTALAMOUNT: USD 28000.00
TERMS OF PRICE: CFR BUSAN
LESS OCEAN FREIGHT: USD500.00
COUNTRY OF ORIGIN: CHINA

天津喜宝食品有限公司
TIANJIN XIBAO FOODS CO.,LTD.

……………………………………
Authorized Signature(s)

单证 17–5

天津喜宝食品有限公司
TIANJIN XIBAO FOODS CO.,LTD

No. 12 XINGANG ROAD, TIANJIN ECONOMIC-TECHNOLOGICAL DEVELOPMENT
AREA，TIANJIN, CHINA
TEL: FAX:

COMMERCIAL INVOICE

TO: SHINE WOO INDUSTRIES
168-18, YONGSU-RI, CHOWOL-MYEON, KWANGJU-SI, KYONGKI-DO, KOREA
031731-4008

CONTRACT NO: XH16008
DATE: 2013.06.20
INVOICE NO: XH16008

MARKS	DESCRIPTION	QUANTITY	UNIT PRICE	AMOUNT
N/M	DEHYDRATED CARROTS	5000KGS	CFR BUSAN USD 5.60/KG	USD 28000.00

SAY US DOLLARS TWENTY EIGHT THOUSAND HUNDRED ONLY
TOTALAMOUNT: USD 28000.00
TERMS OF PRICE: CFR BUSAN
LESS OCEAN FREIGHT: USD500.00
COUNTRY OF ORIGIN: CHINA

天津喜宝食品有限公司
TIANJIN XIBAO FOODS CO.,LTD.
....
Authorized Signature(s)

单证 17-6

天津喜宝食品有限公司

No.12 XINGANG ROAD, TIANJIN ECONOMIC-TECHNOLOGICAL DEVELOPMENT AREA, TIANJIN, CHINA

TEL: FAX:

SALES CONTRACT

CONTRACT NO.: XH16008
DATE: 2013.05.28

THE BUYERS : SHINE WOO INDUSTRIES
168-18, YONGSU-RI, CHOWOL-MYEON, KWANGJU-SI, KYONGKI-DO, KOREA TEL: ××××

THE CONTRACT IS MADE BY BETWEEN THE BUYERS AND SELLERS, WHEREBY THE BUYERS AGREE TO BUY AND THE SELLERS AGREE TO SELL THE UNDER-MENTIONED COMMODITY ACCORDING TO THE TERMS AND CONDITIONS STIPULATED BELOW :

1.DESCRIPTION OF GOODS

MARKS	DESCRIPTION	QUANTITY	UNIT PRICE	AMOUNT
N/M	DEHYDRATED CARROTS	5000KGS	CFR BUSAN USD 5.60/KG	USD 28000.00

TOTAL AMOUNT: USD28000.00 CFR BUSAN KOREA

2. DATE OF SHIPMENT: 2013.03.17
3. TERMS OF PAYMENT: L/C
4. LOADING PORT AND DESTINATION: FROM CHINESE PORT TO BUSAN
5. DOCUMENTS: THE SELLERS SHALL PRESENT THE FOLLOWING DOCUMENTS:
1) SIGNED COMMERCIAL INVOICE IN THREE FOLD.
2) FULL SET OF OCEAN ON BOARD OCEAN BILLS OF LADING MARKED "FREIGHT PREPAID" AND MADE OUT TO ORDER, BLANK ENDORSED AND NOTIFYING THE BUYERS
3) PACKING LIST IN THREE FOLD.
6. THIS CONTRACT IS MADE BY FAX

THE SELLERS
TIANJIN XIBAO FOODS CO., LTD.
天津喜宝食品有限公司

THE BUYERS
SHINE WOO INDUSTRIES

单证 17–7

天津喜宝食品有限公司

No.12 XINGANG ROAD, TIANJIN ECONOMIC–TECHNOLOGICAL DEVELOPMENT AREA，TIANJIN, CHINA

TEL: FAX:

SALES CONTRACT

CONTRACT NO.: XH16008
DATE: 2013.05.28

THE BUYERS : SHINE WOO INDUSTRIES
168-18, YONGSU-RI, CHOWOL-MYEON, KWANGJU-SI, KYONGKI-DO, KOREA TEL : ××××

THE CONTRACT IS MADE BY BETWEEN THE BUYERS AND SELLERS, WHEREBY THE BUYERS AGREE TO BUY AND THE SELLERS AGREE TO SELL THE UNDER-MENTIONED COMMODITY ACCORDING TO THE TERMS AND CONDITIONS STIPULATED BELOW :

1.DESCRIPTION OF GOODS

MARKS	DESCRIPTION	QUANTITY	UNIT PRICE	AMOUNT
N/M	DEHYDRATED CARROTS	5000KGS	CFR BUSAN USD 5.60/KG	USD 28000.00

TOTAL AMOUNT： USD28000.00 CFR BUSAN KOREA

2. DATE OF SHIPMENT: 2013.03.17
3. TERMS OF PAYMENT: L/C
4. LOADING PORT AND DESTINATION: FROM CHINESE PORT TO BUSAN
5. DOCUMENTS: THE SELLERS SHALL PRESENT THE FOLLOWING DOCUMENTS:
1) SIGNED COMMERCIAL INVOICE IN THREE FOLD.
2) FULL SET OF OCEAN ON BOARD OCEAN BILLS OF LADING MARKED “FREIGHT PREPAID” AND MADE OUT TO ORDER, BLANK ENDORSED AND NOTIFYING THE BUYERS
3) PACKING LIST IN THREE FOLD.
6. THIS CONTRACT IS MADE BY FAX

THE SELLERS
TIANJIN XIBAO FOODS CO.,LTD.
天津喜宝食品有限公司

THE BUYERS
SHINE WOO INDUSTRIES

单证 17-8

天津喜宝食品有限公司
TIANJIN XIBAO FOODS CO.,LTD

No. 12 XINGANG ROAD, TIANJIN ECONOMIC-TECHNOLOGICAL DEVELOPMENT AREA，TIANJIN, CHINA

TEL: FAX:

PACKING LIST

TO: SHINE WOO INDUSTRIES
168-18, YONGSU-RI, CHOWOL-MYEON, KWANGJU-SI, KYONGKI-DO, KOREA
××××

CONTRACT NO: XH16008
DATE: 2013.06.21
INVOICE NO: XH16008

MARKS	DESCRIPTION	PACKAGE	G/N. WEIGHT	MEASUREMENT
N/M	DEHYDRATED CARROTS	500CTNS	5500KGS/5000 KGS	66CBM
TOTAL		500CTNS		66CBM

SAY TOTAL：FIVE HUNDRED CARTONS ONLY

天津喜宝食品有限公司
TIANJIN XIBAO FOODS CO.,LTD.
....
Authorized Signature(s)

单证 17–9

天津喜宝食品有限公司

TIANJIN XIBAO FOODS CO.,LTD

No. 12 XINGANG ROAD, TIANJIN ECONOMIC-TECHNOLOGICAL DEVELOPMENT AREA，TIANJIN, CHINA

TEL: FAX:

PACKING LIST

TO: SHINE WOO INDUSTRIES
168-18, YONGSU-RI, CHOWOL-MYEON, KWANGJU-SI, KYONGKI-DO, KOREA
××××

CONTRACT NO: XH16008
DATE: 2013.06.21
INVOICE NO: XH16008

MARKS	DESCRIPTION	PACKAGE	G/N. WEIGHT	MEASUREMENT
N/M	DEHYDRATED CARROTS	500CTNS	5500KGS/5000 KGS	66CBM
TOTAL		500CTNS		66CBM

SAY TOTAL：FIVE HUNDRED CARTONS ONLY

天津喜宝食品有限公司
TIANJIN XIBAO FOODS CO.,LTD.

....
Authorized Signature(s)

单证 17-10

代理报关委托书

编号：

我单位现 A（A. 逐票✓ B. 长期）委托贵公司代理 A 等通关事宜。（A. 填单申报✓ B. 辅助查验 C. 垫缴税款 D. 办理海关证明联 E. 审批手册 F. 核销手册 G. 申办减免税手续 H. 其他）详见《委托报关协议》。

我单位保证遵守《海关法》和国家有关法规，保证所提供的情况真实、完整、单货相符，无侵犯他人知识产权的行为。否则，愿承担相关法律责任。

本委托书有效期自签字之日起至　　年　　月　　日。

委托方（盖章）：

法定代表人或其授权签署《代理报关委托书》的人（签字）

年　　月　　日

委托报关协议

为明确委托报关具体事项和各自责任，双方经平等协商签订协议如下：

委托方	天津喜宝食品有限公司	被委托方	
主要货物名称	脱水胡萝卜	* 报关单编码	
H. S. 编码		收到单证日期	
货物总价		收到单证情况	合同☐发票☑
进出口日期			装箱清单☑提（运单）☐
提单号			加工贸易手册☐许可证件☐
贸易方式	一般贸易		其他
原产地/货源地		报关收费	人民币：　　元
其他要求：		承诺说明：	
背面所列通用条款是本协议不可分割的一部分，对本协议的签署构成了对背面通用条款的同意。		背面所列通用条款是本协议不可分割的一部分，对本协议的签署构成了对背面通用条款的同意。	
委托方业务签章： 经办人签章： 联系电话： 年　月　日		被委托方业务签章： 经办报关员签章： 联系电话： 年　月　日	

CCBA （白联：海关留存，黄联：委托方留存，红联：委托方留存）　中国报关协会监制

单证 17-11

情况说明

致天津开发区海关：

我司天津津通报关有限公司代理天津喜宝食品有限公司，于2013年6月25日申报一票进口货物，详细信息如下：

报关单号：

船名航次：×××××

提单号：×××××

箱号：

通关方式：无纸申报，并上传发票

由于海关查验后称重与报关毛重不符，原申报5500KGS，应改成5700KGS，现向贵关申请更改毛重，感谢贵关对我司的大力支持，给贵关带来的麻烦我司很抱歉，以后会严格要求我司操作人员，避免出现类似错误，望贵关给予协助办理！

此致

敬礼

天津津通报关有限公司

2013-6-28

单证 17-12

中华人民共和国海关出口货物报关单

数据中心统一编号： 预录入编号： 申报现场： 海关编号：

出口口岸			备案号		出口日期		申报日期	
经营单位 天津喜宝食品有限公司			运输方式 水路运输	运输工具名称			提运单号	
收货单位 天津喜宝食品有限公司			贸易方式 一般贸易		征免性质 一般征税		结汇方式	
许可证号	运抵国（地区）			指运港			境内货源地	
批准文号	成交方式 CFR		运费		保费		杂费	
合同协议号 XH16008	件数 500		包装种类 纸箱		毛重（千克） 5500		净重（千克） 5000	
集装箱号	随附单证						生产厂家	
标记唛码及备注								
项号	商品编号	商品名称、规格型号	数量及单位	原产国（地区）	单价	总价	币制	征免
1		脱水胡萝卜	5000KG	中国	5.6	28000	美元	照章征税
税费征收情况								

录入员 录入单位	兹声明以上申报无讹并承担法律责任	海关审单批注及放行日期（签章） 审单 审价
报关员 单位地址 邮编 电话	申报单位（签章） 填制日期	征税 统计 查验 放行

单证 17–13

海关查验通知单

编号：

天津喜宝食品有限公司：

你单位于 2013 年 5 月 25 日向我关申报，××××（运输工具名称及航次）［提（装，运）单号］××××，进/出口脱水胡萝卜。

现决定于 5 月 25 日时对该批货物进行查验，请备妥有关用具，届时派员会同海关查验。

特此通知。

开发区海关

经办关员：
报关员签：

年　月　日

单证 17-14

海关货物查验记录单

第　页　报关单号　　　　　　查验记录单编号

经营单位 天津喜宝食品有限公司	运输工具名称	申报日期	进出口日期	
收（发）货单位 天津喜宝食品有限公司	提运单号 ××××	监管方式	运输方式	
申报单位	件数	包装种类	毛重（公斤）	净重(公斤)

总署查验要求	1. 核对品名【 】2. 核对规格【 】3. 核对数量【 】4. 核对重量【 】 5. 核对件数【 】6. 核对唛头【 】7. 是否侵权【 】8. 核对产地【 】 9. 核对归类【 】10. 核对新旧【 】11. 核对价格【 】12. 取样送检【 】 13. 检查车体【 】14. 检查箱体【 】15. 是否夹藏【 】	本关区查验要求	查验方式	机检查验大型集装箱检查设备

集装箱/编号	封志号	追加查验方式	查验区域	查验结果	集装箱备注
【 】	【 】	【 】转人工 【 】转机检		【 】	
【 】	【 】	【 】转人工 【 】转机检		【 】	

序号	商品编码	品名/规格	数量单位	原产国/最终目的国	总价/币制	商品特殊查验要求
	【　】	【脱水胡萝卜】	【　】	【　】	【　】	【　】

备注：

安全提示：

其他特殊要求：

查验结果： 处理意见：	查验时间		查验地点		查验关员签名或代号	②	②
机器查验过程记录：						审批意见：	

查验结果： 处理意见：	查验时间		查验地点		查验关员签名或代号	①	②	③
人工查验过程记录：						审批意见：		

处理结果		科（处）长审批意见 签名：　　日期：	关（处）长审批意见 签名：　　日期：
收发货人或其代理人签字	在查验过程中，本人一直在场，海关未使货物造成任何损坏或破损，本人对海关查验结果无异议。 收发货人（代理人）签字　　电话　　地址　　邮编 年　月　日		

单证 17-15

海关货物查验记录单

第　页　报关单号　　　　　　　　查验记录单编号

经营单位 天津喜宝食品有限公司	运输工具名称	申报日期	进出口日期	
收（发）货单位 天津喜宝食品有限公司	提运单号 ××××	监管方式	运输方式	
申报单位	件数	包装种类	毛重（公斤）	净重(公斤)

总署查验要求	本关区查验要求	查验方式	机检查验大型集装箱检查设备
1. 核对品名【 】2. 核对规格【 】3. 核对数量【 】4. 核对重量【 】 5. 核对件数【 】6. 核对唛头【 】7. 是否侵权【 】8. 核对产地【 】 9. 核对归类【 】10. 核对新旧【 】 11. 核对价格【 】 12. 取样送检【 】 13. 检查车体【 】 14. 检查箱体【 】 15. 是否夹藏【 】			

集装箱/编号	封志号	追加查验方式	查验区域	查验结果	集装箱备注
【 】	【 】	【 】转人工 【 】转机检		【 】	
【 】	【 】	【 】转人工 【 】转机检		【 】	

序号	商品编码	品名/规格	数量单位	原产国/最终目的国	总价/币制	商品特殊查验要求
	【　】	【脱水胡萝卜】	【　】	【　】	【　】	【　】

备注：

安全提示：

其他特殊要求：

查验结果： 处理意见：	查验时间		查验地点		查验关员签名或代号	①	②	
机器查验过程记录：						审批意见：		
查验结果：实物毛重与报关不符，称重为 5700KGS 处理意见：报关单修改	查验时间		查验地点		查验关员签名或代号	①	②	③
人工查验过程记录：						审批意见：		

处理结果	报关单毛重要修改	科（处）长审批意见 签名：　日期：	关（处）长审批意见 签名：　　日期：
收发货人或其代理人签字	在查验过程中，本人一直在场，海关未使货物造成任何损坏或破损，本人对海关查验结果无异议。 收发货人（代理人）签字　　电话　　地址　　邮编 年　月　日		

单证 17-16

进出口货物报关单修改/撤销表

编号：开发区海关〔2013 年〕　　号

<table>
<tr><td>报关单编号</td><td colspan="2">020220151020074057</td><td>报关单类别</td><td>□进口
■出口</td></tr>
<tr><td>经营单位名称</td><td colspan="2">天津喜宝食品有限公司</td><td>具体事项</td><td>■修改
□撤销</td></tr>
<tr><td>报关单位名称</td><td colspan="4">天津喜宝食品有限公司</td></tr>
<tr><td colspan="5">修改/撤销内容</td></tr>
<tr><td colspan="2">报关单数据项</td><td>项号</td><td>原填报内容</td><td>应填报内容</td></tr>
<tr><td rowspan="10">重点项目</td><td>商品编号</td><td></td><td></td><td></td></tr>
<tr><td>商品名称及规格型号</td><td></td><td></td><td></td></tr>
<tr><td>币制</td><td></td><td></td><td></td></tr>
<tr><td>单价</td><td></td><td></td><td></td></tr>
<tr><td>总价</td><td></td><td></td><td></td></tr>
<tr><td>原产国（地区）/最终目的国（地区）</td><td></td><td></td><td></td></tr>
<tr><td>贸易方式（监管方式）</td><td></td><td></td><td></td></tr>
<tr><td>成交方式</td><td></td><td></td><td></td></tr>
<tr><td>箱型</td><td></td><td></td><td></td></tr>
<tr><td>毛重</td><td></td><td>5500</td><td>5700</td></tr>
</table>

修改或者撤销原因：

□出口货物放行后，由于装运、配载等原因造成原申报货物部分或者全部退关、变更运输工具的；

■进出口货物在装载、运输、存储过程中因溢短装、不可抗力的灭失、短损等原因造成原申报数据与实际货物不符的；

□由于办理退补税、海关事务担保等其他海关手续需要修改或者撤销的；

□根据贸易惯例先行采用暂时价格成交、实际结算时按商检品质认定或者国际市场实际价格付款方式需要修改申报内容的；

□已申报进口货物办理直接退运手续时，需要修改或者撤销原进口货物报关单的；

□由于计算机、网络系统等方面的原因导致电子数据申报错误的；

□由于报关人员操作或者书写失误造成所申报的报关单内容有误的。

其他需要说明的情况：由于操作人员失误，导致箱型申报错误，现向贵关申请更改箱型。

兹声明以上理由和内容无讹，随附证明资料真实有效，如有虚假，愿承担法律责任。

中华人民共和国天津海关
修改撤销专用章

单位印章
2013 年 6 月 25 日

海关意见：

海关印章
年　　月　　日

单证 17-17

天津喜宝食品有限公司

TIANJIN XIABO FOODS CO.,LTD

No. 12 XINGANG ROAD, TIANJIN ECONOMIC-TECHNOLOGICAL DEVELOPMENT AREA, TIANJIN, CHINA

TEL: FAX:

COMMERCIAL INVOICE

TO: SHINE WOO INDUSTRIES
168-18, YONGSU-RI, CHOWOL-MYEON, KWANGJU-SI, KYONGKI-DO, KOREA

CONTRACT NO: XH16008
DATE: 2013.06.20
INVOICE NO: XH16008

MARKS	DESCRIPTION	QUANTITY	UNIT PRICE	AMOUNT
N/M	DEHYDRATED CARROTS	5000KGS	CFR BUSAN USD 5.60/KG	USD 28000.00

SAY US DOLLARS TWENTY EIGHT THOUSAND HUNDRED ONLY
TOTALAMOUNT: USD 28000.00
TERMS OF PRICE: CFR BUSAN
LESS OCEAN FREIGHT: USD500.00
COUNTRY OF ORIGIN: CHINA

天津喜宝食品有限公司
TIANJIN XIBAO FOODS CO.,LTD.

....
Authorized Signature(s)

单证 17-18

天津港集装箱验放中心（海关预约查验单）

委托时间：　　　　委托单位：天津喜宝食品有限公司
船名航次：　　　　提运单号：BUKAN160100019
箱型箱量：　　　　报关单号：
制单员：　　　　　单位盖章：

温馨提示：

1. 如果集装箱内的货物属性不适宜在当日天气下查验，请货主/代理人提出改日验货要求。如果未提出异议，我司将认为当日天气不会对货物产生影响。对以后发现的天气原因对货物产生的影响，我司将不负责任。

2. 此次验货过程，包括开箱、查验、装箱、施封，是在货主或其委托代理人监督下进行的，验货后各方确认货物外观完好，数量无误，装箱完毕已施封。

3. 若发现货物在作业中发生损坏、缺失，有关方应在现场提出。若货物/集装箱已提离我司，我司将对此后提出的问题不予认可。

4. 如对货物掏装有特殊要求，需要特殊对待，请在下方注明。否则我司将认为此货物为普通货物。

特殊作业要求：

5. 铅封不符同意摆箱验货，产生的一切责任和费用由客户承担。我（货主/代理人）已阅读以上条款，确认以上情况属实。

确认人（货主/代理人）工作单位：
确认人（货主/代理人）签字：
手机号码：
日期：

理货员：　　　机械司机：　　　装卸工：
作业日期：　　　验货及作业过程：

NO.　　箱号　　尺寸　　箱型　　箱位
计划验货时间　　计划摆箱时间　　进场日期　　动作指令

单证 17–19

天津喜宝食品有限公司

No. 12 XINGANG ROAD, TIANJIN ECONOMIC-TECHNOLOGICAL DEVELOPMENT AREA，TIANJIN, CHINA

TEL: FAX:

SALES CONTRACT

CONTRACT NO.: XH16008
DATE: 2013.05.28

THE BUYERS : SHINE WOO INDUSTRIES
168-18, YONGSU-RI, CHOWOL-MYEON, KWANGJU-SI, KYONGKI-DO, KOREA TEL :

THE CONTRACT IS MADE BY BETWEEN THE BUYERS AND SELLERS, WHEREBY THE BUYERS AGREE TO BUY AND THE SELLERS AGREE TO SELL THE UNDER-MENTIONED COMMODITY ACCORDING TO THE TERMS AND CONDITIONS STIPULATED BELOW :

1.DESCRIPTION OF GOODS

MARKS	DESCRIPTION	QUANTITY	UNIT PRICE	AMOUNT
N/M	DEHYDRATED CARROTS	5000KGS	CFR BUSAN USD 5.60/KG	USD 28000.00

TOTAL AMOUNT： USD28000.00 CFR BUSAN KOREA

2. DATE OF SHIPMENT: 2013.03.17
3. TERMS OF PAYMENT: L/C
4. LOADING PORT AND DESTINATION: FROM CHINESE PORT TO BUSAN
5. DOCUMENTS: THE SELLERS SHALL PRESENT THE FOLLOWING DOCUMENTS:
1) SIGNED COMMERCIAL INVOICE IN THREE FOLD.
2) FULL SET OF OCEAN ON BOARD OCEAN BILLS OF LADING MARKED "FREIGHT PREPAID" AND MADE OUT TO ORDER, BLANK ENDORSED AND NOTIFYING THE BUYERS
3) PACKING LIST IN THREE FOLD.
6. THIS CONTRACT IS MADE BY FAX

THE SELLERS
TIANJIN XIBAO FOODS CO., LTD. 天津喜宝食品有限公司

THE BUYERS
SHINE WOO INDUSTRIES

单证 17-20

天津喜宝食品有限公司

TIANJIN XIABO FOODS CO.,LTD

No. 12 XINGANG ROAD, TIANJIN ECONOMIC-TECHNOLOGICAL DEVELOPMENT AREA，TIANJIN，CHINA

TEL: FAX:

PACKING LIST

TO: SHINE WOO INDUSTRIES
168-18, YONGSU-RI, CHOWOL-MYEON, KWANGJU-SI, KYONGKI-DO, KOREA
××××

CONTRACT NO: XH16008
DATE: 2013.06.21
INVOICE NO: XH16008

MARKS	DESCRIPTION	PACKAGE	G/N. WEIGHT	MEASUREMENT
N/M	DEHYDRATED CARROTS	500CTNS	5700KGS/5000 KGS	66CBM
TOTAL		500CTNS		66CBM

SAY TOTAL： FIVE HUNDRED CARTONS ONLY

天津喜宝食品有限公司
TIANJIN XIBAO FOODS CO.,LTD.
……………………………………..
Authorized Signature(s)

任务十八 旧光学仪器项目

一、赛题说明

某公司进口一批光学仪器（旧），请选手根据业务背景及资料进行现场作业。

二、随附单证

本任务的随附单证见单证 18-1 至单证 18-16。

三、裁判单据

本任务的裁判单据见单证 18-17 至单证 18-19。

单证 18–1

采购合同
PURCHASE CONTRACT

合同编号 P/O#:JBEI304791

卖方：佳比（马来西亚）有限公司
Seller: JABIL CIRCUIT CHINA LIMITED
地址：
Tel:
买方：佳比电子（广州）有限公司
Buyer: JABIL CIRCUIT (GUANGZHOU) LIMITED
地址：
Address:
Tel:

品名	规格	品牌	制造日期	原产国	数量	单位	单价（USD）	合计（USD）
Name	Model	Brand	ManufactureD	C/O	QTY	UNIT	Unit Price	Amount
自动光学检测仪（有记录装置）（旧）	SJ5000 (S/N:MY48100143)	Agilent	2008 年	马来西亚	1	台	60,709.30	60,709.30
自动光学检测仪（有记录装置）（旧）	SJ5000 (S/N:MY48100142)	Agilent	2008 年	马来西亚	1	台	60,709.30	60,709.30
总金额（Total)：CIF 黄埔 USD 121,418.60								

1.合同有效期（Expiry Date）：2013 年 3 月 1 日
2.目的地（Destination）：黄埔
卖方（SELLER)：佳比中国有限公司　买方（BUYER)：佳比电子（广州）有限公司

签章（SIGNATURE）　签章（SIGNATURE）

日期（DATE）　9-Mar-13　日期（DATE）　9-Mar-13

单证 18-2

采购合同
PURCHASE CONTRACT

合同编号 P/O#:JBEI304791

卖方：佳比（马来西亚）有限公司
Seller: JABIL CIRCUIT CHINA LIMITED
地址：
Tel:
买方：佳比电子（广州）有限公司
Buyer: JABIL CIRCUIT (GUANGZHOU) LIMITED
地址：
Address:
Tel:

品名	规格	品牌	制造日期	原产国	数量	单位	单价（USD）	合计（USD）
Name	Model	Brand	Manufacture D	C/O	QTY	UNIT	Unit Price	Amount
自动光学检测仪（有记录装置）（旧）	SJ5000 (S/N:MY48100143)	Agilent	2008 年	马来西亚	1	台	60,709.30	60,709.30
自动光学检测仪（有记录装置）（旧）	SJ5000 (S/N:MY48100142)	Agilent	2008 年	马来西亚	1	台	60,709.30	60,709.30
总金额（Total）：CIF 黄埔　USD 121,418.60								

1.合同有效期（Expiry Date）：2013 年 3 月 1 日
2.目的地（Destination）：黄埔
卖方（SELLER）：佳比中国有限公司　买方（BUYER）：佳比电子（广州）有限公司

签章（SIGNATURE）　签章（SIGNATURE）

日期（DATE）　9-Mar-13　日期（DATE）　9-Mar-13

单证 18-3

代理报检委托书

编号：

__________出入境检验检疫局：

本委托人（备案号/组织机构代码___________保证遵守国家有关检验检疫法律法规的规定，保证所提供的委托报检事项真实、单货相符。否则，愿承担相关法律责任。具体情况如下：

本委托人将于______年______月间进口/出口如下货物：

品名	自动光学检测仪（有记录装置）（旧）	HS 编码	
数（重）量		包装情况	
信用证/合同号		许可证件号	
进口货物收货单位及地址		进口货物提/运单号	
其他特殊要求			

特委托＊＊（代理报检注册登记号________），代表本委托人办理上述货物的下列出入境检验检疫事宜：

□1. 办理报检手续；

□2. 代缴纳检验检疫费；

□3. 联系和配合检验检疫机构实施检验检疫；

□4. 领取检验检疫单证；

□5. 其他与报检有关的事宜：____________

联系人：＊＊＊

联系电话：＊＊＊

本委托书有效期至____年____月____日

委托人（加盖公章）

2013 年 3 月 29 日

受托人确认声明

本企业完全接受本委托书，保证履行以下职责：

1. 对委托人提供的货物情况和单证的真实性、完整性进行了核实；
2. 根据检验检疫有关法律法规规定办理上述货物的检验检疫事宜；
3. 及时办结检验检疫手续的有关委托内容的单证、文件移交委托人或指定人员；
4. 如实告知委托人检验检疫部门对货物的后续检验检疫及监管要求。

如在委托事项中发现违法违规行为，愿承担相关法律和行政责任。

联系人：____________

联系电话：____________

受委托人（加盖公章）

2013 年 3 月 19 日

单证 18-4

JABIL 佳比（马亚西来）有限公司
JABIL CIRCUIT MALAYSIA LIMITED

BILL TO: Jabil Circuit (Guangzhou) Ltd.

Ship: Jabil Circuit (Guangzhou) Ltd.

INVOICE

INVOICE NC JCCEI30491-92
P/O NO: JBEI304791
DATE 11-Mar-13

Item No.	Name	Description	Brand	Manufacture Date	Model	Qty	UOM	C/O	Init Price (US$)	Value (US$)
01	自动光学检测仪(有记录装置)(旧)	AOI Machine (Used)	Agilent	2008 年	SJ5000 (S/N:MY48100143)	1	台	马来西亚	60,709.30	60,709.30
02	自动光学检测仪(有记录装置)(旧)	AOI Machine (Used)	Agilent	2008 年	SJ5000 (S/N:MY48100142)	1	台	马来西亚	60,709.30	60,709.30
								CIF HUANGPU		

Total: 121,418.60

E. & O.E.

Jabil Circuit China Ltd.

Authorized Signature

单证 18–5

JABIL 佳比（马亚西来）有限公司
JABIL CIRCUIT MALAYSIA LIMITED

BILL TO: Jabil Circuit (Guangzhou) Ltd.

Ship: Jabil Circuit (Guangzhou) Ltd.

INVOICE

INVOICE NC JCCEI30491-92
P/O NO: JBEI304791
DATE 11-Mar-13

Item No.	Name	Description	Brand	Manufacture Date	Model	Qty	UOM	C/O	Init Price (US$)	Value (US$)
01	自动光学检测仪(有记录装置)（旧）	AOI Machine (Used)	Agilent	2008 年	SJ5000 (S/N:MY48100143)	1	台	马来西亚	60,709.30	60,709.30
02	自动光学检测仪(有记录装置)（旧）	AOI Machine (Used)	Agilent	2008 年	SJ5000 (S/N:MY48100142)	1	台	马来西亚	60,709.30	60,709.30

CIF HUANGPU

Total: 121,418.60

E. & O.E.

Jabil Circuit China Ltd.

Authorized Signature

单证 18-6

中华人民共和国海关
进出口货物征免税证明

编号：Z52081300050

减免税申请人：佳比电子（广州）有限公司 4401240197	征免性质/代码：鼓励项目/789	审批依据：署税（97）1062 号及（08）103 号公
发证日期：2013 年 03 月 18 日	有效期：至 2013 年 09 月 15 日止	
到货口岸：黄埔海关驻广州经济技术开发区	合同号：JBEI304791	项目性质：外商独资

序号	货名	规格	税号	数量	单位	金额	币制	主管海关审批征免意见		
								关税	增值税	其他
1	自动光学检测仪（有记录装置）	(旧)/Agilent 牌	9031499090	1.00	台	60709.30	USD	0%	17%	
2	自动光学检测仪（有记录装置）	(旧)/Agilent 牌	9031499090	1.00	台	60709.30	USD	0%	17%	
3	<以下空白>									
4										
5										

备注	用于生产多功能打印机；买卖双方存在特殊经济关系，请核价。

审批海关签章：	核放海关批注：	注意事项及权利义务提示：
黄埔海关驻广州经济技术开发区 负责人： 年　月　日	负责人： 年　月　日	1. 本证明使用一次有效。同一合同项下货物分口岸进口或分批到货的，应向审批海关申明，并按到货口岸、到货日期分别申请此证明。 2. 货物进口时应向海关交验本证明，复印件无效。 3. 本证明有效期应按照具体政策规定填写，但最长不得超过半年；如需延期，应在有效期内向原审批海关提出延期申请。 4. 规定由海关监管使用的减免税货物，在海关监管年限内，减免税申请人应按照特定用途、特定企业、特定地区使用；未经海关许可，不得擅自转让、抵押、质押、移作他用或者进行其他处置，否则，海关将依法处理。 5. 如不服本证明决定，依照《中华人民共和国行政复议法》第九条、第十二条、第十六条，《中华人民共和国海关法》第六十四条之规定，可以在本证明送达之日起六十日内向上一级海关（海关总署）申请行政复议，对复议决定仍不服的，依照《中华人民共和国行政诉讼法》第三十八条第二款之规定，可以自收到复议决定书之日起十五日内，向人民法院提起诉讼。

单证 18-7

中华人民共和国海关
进出口货物征免税证明

编号：Z52081300050

减免税申请人：佳比电子（广州）有限公司 4401240197	征免性质/代码：鼓励项目/789	审批依据：署税（97）1062 号及（08）103 号公
发证日期：2013 年 03 月 18 日	有效期：　至 2013 年 09 月 15 日止	
到货口岸：黄埔海关驻广州经济技术开发区	合同号：JBEI304791	项目性质：外商独资

序号	货名	规格	税号	数量	单位	金额	币制	主管海关审批征免意见		
								关税	增值税	其他
1	自动光学检测仪（有记录装置）	(旧)/Agilent 牌	9031499090	1.00	台	60709.30	USD	0%	17%	
2	自动光学检测仪（有记录装置）	(旧)/Agilent 牌	9031499090	1.00	台	60709.30	USD	0%	17%	
3	<以下空白>									
4										
5										

备注	用于生产多功能打印机：买卖双方存在特殊经济关系，请核价。

审批海关签章： 黄埔海关驻广州经济技术开发区 负责人： 年　月　日	核放海关批注： 负责人： 年　月　日	注意事项及权利义务提示： 1. 本证明使用一次有效。同一合同项下货物分口岸进口或分批到货的，应向审批海关申明，并按到货口岸、到货日期分别申请此证明。 2. 货物进口时应向海关交验本证明，复印件无效。 3. 本证明有效期应按照具体政策规定填写，但最长不得超过半年；如需延期，应在有效期内向原审批海关提出延期申请。 4. 规定由海关监管使用的减免税货物，在海关监管年限内，减免税申请人应按照特定用途、特定企业、特定地区使用；未经海关许可，不得擅自转让、抵押、质押、移作他用或者进行其他处置，否则，海关将依法处理。 5. 如不服本证明决定，依照《中华人民共和国行政复议法》第九条、第十二条、第十六条，《中华人民共和国海关法》第六十四条之规定，可以在本证明送达之日起六十日内向上一级海关（海关总署）申请行政复议，对复议决定仍不服的，依照《中华人民共和国行政诉讼法》第三十八条第二款之规定，可以自收到复议决定书之日起十五日内，向人民法院提起诉讼。

单证 18-8

中华人民共和国海关进口货物报关单

预录入编号： 海关编号：

进口口岸	备案号	进口日期	申报日期
经营单位（4401240197） 佳比电子（广州）有限公司	运输方式 水路运输	运输工具名称	提运单号
收货单位（4401240197） 佳比电子（广州）有限公司	贸易方式 外资设备物品	征免性质 鼓励项目	征税比例

许可证号	起运国（地区） 马来西亚	装货港	境内目的地

批准文号	成交方式 CIF	运费	保费	杂费

合同协议号	件数 2	包装种类	毛重（千克） 1800	净重（千克） 1500

集装箱号	随附单证	用途

标记唛码及备注
如为委托进口，须注明代理进口的外贸企业名称

项号	商品编号	商品名称、规格型号	数量及单位	原产国（地区）	单价	总价	币制	征免
1	9031499090	自动光学检测仪（有记录装置） （旧）Agilent 牌 SJ5000（S/N：MY48100143）	1 台	马来西亚	60709.30	60709.30	美元	特案
2	9031499090	自动光学检测仪（有记录装置） （旧）Agilent 牌 SJ5000（S/N：MY48100142）	1 台	马来西亚	60709.30	60709.30	美元	特案

税费征收情况

录入员 录入单位	兹声明以上申报无讹并承担法律责任	海关审单批注及放行日期（签章）
报关员	申报单位（签章）	审单 审价
单位地址		征税 统计
邮编 电话	填制日期	查验 放行

单证 18-9

中华人民共和国出入境检验检疫
入境货物报检单

报检单位（加盖公章）： ＊编号＿＿＿＿＿＿

报检单位登记号： 联系人： 电话： 报检日期： 年 月 日

收货人	（中文）佳比电子（广州）有限公司	企业性质（划“√”）	□外资
	（外文）		
发货人	（中文）		
	（外文）		

选择	货物名称（中/外文）	H.S. 编码	原产国（地区）	数/重量	货物总值	包装种类及数量
	自动光学检测仪（有记录装置）（旧）					

运输工具名称号码		合同号	

贸易方式	一般贸易	贸易国别（地区）		提单/运单号	
到货日期		起运国家（地区）		许可证/审批号	
卸毕日期		起运口岸		入境口岸	
索赔有效期至		经停口岸		目的地	
集装箱规格、数量及号码					

合同、信用证订立的检验检疫条款或特殊要求		货物存放地点	
		用　　途	

随附单据（划“√”或补填）		标记及号码	＊外商投资财产（划“√”）	□否
■合同 ■发票 ■提/运单 □兽医卫生证书 □植物检疫证书 □动物检疫证书 □健康证明 □原产地证 □许可/审批文件	□到货通知 ■装箱单 □质保书 □货物清单 □磅码单 □验收报告 ■委托书 ■其他 □		＊检验检疫费	
			总金额（人民币元）	
			计费人	
			收费人	

广东出入检验检疫局 校讫章

报检人郑重声明： 1. 本人被授权报检； 2. 上列填写内容正确属实。 签名：＿＿＿＿	领取证单	
	日期	
	签名	

注：有“＊”号栏由出入境检验检疫机关填写。 ◆国家质检总局制

单证 18-10

提货单

9HA2889　　　　港区场站

收货人名称 佳比电子（广州）有限公司	收货人开户银行与账号

船名	航次	起运港	目的港	船舶预计到港时间
提单号	交付条款	卸货地点	进库场日期	第一程运输
标记与集装箱号	货名	集装箱数或件数	重量（KGS）	体积（m^3）
	自动光学检测仪（有记录装置）（旧）	2 PKGS	1,800KGS	

<table>
<tr><td rowspan="2">船代公司重要提示：
(1) 本提货单中有关船、货内容按照提单的相关显示填制；
(2) 请当场核查本提货单内容错误之处，否则本公司不承担由此产生的责任和损失；(Error And Omission Excepted)
(3) 本提货单仅为向承运人或承运人委托的雇用人或替承运人保管货物订立合同的人提货的凭证，不得买卖转让；(Non-negotiable)
(4) 在本提货单下，承运人代理人及雇用人的任何行为，均应被视为代表承运人的行为，均应享受承运人享有的免责、责任限制和其他任何抗辩理由；(Himalaya Clause)
(5)本提货单所列的船舶预计到港时间，不作为申报进境和计算滞包金、滞箱费、疏港费等起算的依据，货主不及时换单和提货造成的损失，责任自负；
(6)本提货单中的中文译文仅供参考。</td><td>收货人章
1</td><td>海关章
2</td></tr>
<tr><td>检验检疫章
3</td><td>4</td></tr>
<tr><td>注意事项：
1. 本提货单需要有船代放货章和海关放行章后方生效。凡属法定检验、检疫的进口商品，必须向检验检疫机构申报。
2.提货人到码头公司办理提货手续时，应出示单位证明或经办人身份证明。提货人若非本提货单记名收货人时，还应当出示提货单记名收货人开具的证明，以表明其为有权提货人。
3.货物超过港存期，码头公司可以按《上海港口货物疏运管理条例》的有关规定处理。在规定期间无人提取的货物，按《海关法》和国家有关规定处理。</td><td>5</td><td>6</td></tr>
</table>

单证 18-11

提货单

9HA2889　　　　港区场站

收货人名称 佳比电子（广州）有限公司		收货人开户银行与账号		
船名	航次	起运港	目的港	船舶预计到港时间
提单号	交付条款	卸货地点	进库场日期	第一程运输
标记与集装箱号	货名	集装箱数或件数	重量（KGS）	体积（m^3）
	自动光学检测仪（有记录装置）（旧）	2 PKGS	1,800KGS	

船代公司重要提示： (1) 本提货单中有关船、货内容按照提单的相关显示填制； (2) 请当场核查本提货单内容错误之处，否则本公司不承担由此产生的责任和损失；(Error And Omission Excepted) (3) 本提货单仅为向承运人或承运人委托的雇用人或替承运人保管货物订立合同的人提货的凭证，不得买卖转让；(Non-negotiable) (4) 在本提货单下，承运人代理人及雇用人的任何行为，均应被视为代表承运人的行为，均应享受承运人享有的免责、责任限制和其他任何抗辩理由；(Himalaya Clause) (5) 本提货单所列的船舶预计到港时间，不作为申报进境和计算滞包金、滞箱费、疏港费等起算的依据，货主不及时换单和提货造成的损失，责任自负； (6) 本提货单中的中文译文仅供参考。	收货人章 1 检验检疫章 3	海关章 2 4
注意事项： 1. 本提货单需要有船代放货章和海关放行章后方生效。凡属法定检验、检疫的进口商品，必须向检验检疫机构申报。 2. 提货人到码头公司办理提货手续时，应出示单位证明或经办人身份证明。提货人若非本提货单记名收货人时，还应当出示提货单记名收货人开具的证明，以表明其为有权提货人。 3. 货物超过港存期，码头公司可以按《上海港口货物疏运管理条例》的有关规定处理。在规定期间无人提取的货物，按《海关法》和国家有关规定处理。	5	6

单证 18-12

JABIL 佳比（马来西亚）有限公司
JABIL CIRCUIT MALAYSIA LIMITED

装箱单
Packing List

日期：11-Mar-13

发票号：JCCEI304791-92　　提货单位：佳比电子（广州）有限公司

序号	商品名称	品牌	规格型号	制造日期	数量	单位	箱数夹板箱	箱号	净重（公斤）	毛重（公斤）	原产地
01	自动光学检测仪（有记录装置）（旧）	Agilent	SJ5000 (S/N:MY48100143)	2008年	1	台	1		750.00	900.00	马来西亚
02	自动光学检测仪（有记录装置）（旧）	Agilent	SJ5000 (S/N:MY48100142)	2008年	1	台	1		750.00	900.00	马来西亚
Total:					2		2		1,500.00	1800.00	

Jabil Circuit China Ltd.

Authorized Signature

单证 18-13

JABIL 佳比（马来西亚）有限公司
JABIL CIRCUIT MALAYSIA LIMITED

装箱单
Packing List

日期： 11-Mar-13

发票号：JCCEI304791-92　　提货单位：佳比电子（广州）有限公司

序号	商品名称	品牌	规格型号	制造日期	数量	单位	箱数夹板箱	箱号	净重（公斤）	毛重（公斤）	原产地
01	自动光学检测仪（有记录装置）（旧）	Agilent	SJ5000 (S/N:MY48100143)	2008年	1	台	1		750.00	900.00	马来西亚
02	自动光学检测仪（有记录装置）（旧）	Agilent	SJ5000 (S/N:MY48100142)	2008年	1	台	1		750.00	900.00	马来西亚
Total:					2		2		1,500.00	1800.00	

Jabil Circuit China Ltd.

Authorized Signature

单证 18-14

中国检验认证集团不来梅有限公司
CCIC BREMEN GMBH

Add:Universitatsallee 23, D-28359 Bremen, Germany
Tel:
Fax:
E-mail:info@ccic-bremen.de

中华人民共和国国家质量监督检验检疫总局

进口旧机电产品装运前检验证书
正本

编号：BISE1500178

申请人名称及地址：佳比（马来西亚）有限公司
收货人名称及地址：佳比（广州）有限公司
广州高新技术产业开发区科韵路 101 号
《进口旧机电产品装运前检验备案书》编号：
产品名称：自动光学检测仪
产品数量：2 台（套）　　产品金额：121,418.60USD
装运前检验机构：CCIC BREMEN GmbH
检验时间：2015-06-05　　检验地点：WMH Henon ANTRIEBSTECHNIK GmbH
Stanglmuhle 9-11
85283 Wolnzach, Germany

上述数量的旧机电产品已按规定程序和要求实施了装运前检验，详见《装运前检验明细表》。申请人应按照《装运前检验明细表》的初步评价处理。《装运前检验明细表》共　页，为本证书不可分割的部分。

本证书有效期与《进口旧机电产品装运前检验备案书》有效期一致。

进口旧机电产品　　授权签字人：

For and behalf of
CCIC BREMEN GmbH
中国检验认证集团认证集团不来梅有限公司
--------------- ××× -----------------------------------
Authrolted Signature(s)

装运前检验机构章　　签证日期：2015 年 06 月 07 日

备注：1.口岸检验检疫机构凭此证书正本以及对应的《进口旧机电装运前预检验备案书》正本等其他必要单证手里进口报检。

2.本证书不免除上述旧机电产品经检验检疫机构到货检验而须由申请人承担的相关责任。

No.0002752

单证 18-15

装运前检验明细表

正本

装运前检验证书编号：BISE1500178　　　　第 1 页/共 1 页

序号	产品名称	规格型号	数量	产地	制造日期	初步评价
1	自动光学检测仪	MY48100143	1 台	马来西亚	1989 年	发现与检验依据不符可技术处理，建议可以起运
2	自动光学检测仪	MY48100142	1 台	马来西亚	1989 年	

For and on behalf of
CCIC BREMEN GmbH
中国检验认证集团不来梅有限公司

........×××..
Authorized Signature(s)

单证 18-16

代理报关委托书

编号：

我单位现 A（A. 逐票✓ B. 长期）委托贵公司代理 A 等通关事宜。（A. 填单申报✓ B. 辅助查验 C. 垫缴税款 D. 办理海关证明联 E. 审批手册 F. 核销手册 G. 申办减免税手续 H. 其他）详见《委托报关协议》。

我单位保证遵守《海关法》和国家有关法规，保证所提供的情况真实、完整、单货相符，无侵犯他人知识产权的行为。否则，愿承担相关法律责任。

本委托书有效期自签字之日起至 年 月 日。

委托方（盖章）：

法定代表人或其授权签署《代理报关委托书》的人（签字）

年 月 日

委托报关协议

为明确委托报关具体事项和各自责任，双方经平等协商签订协议如下：

委托方	佳比电子（广州）有限公司
主要货物名称	自动光学检测仪（有记录装置）
H. S. 编码	9031499090
货物总价	60709. 30 美元
进出口日期	
提单号	
贸易方式	外资设备物品
原产地/货源地	
其他要求：	
背面所列通用条款是本协议不可分割的一部分，对本协议的签署构成了对背面通用条款的同意。	
委托方业务签章： 经办人签章： 联系电话： 年 月 日	

被委托方	
＊报关单编码	
收到单证日期	
收到单证情况	合同□发票☑
	装箱清单☑提（运单）□
	加工贸易手册□许可证件□
	其他
报关收费	人民币： 元
承诺说明：	
背面所列通用条款是本协议不可分割的一部分，对本协议的签署构成了对背面通用条款的同意。	
被委托方业务签章： 经办报关员签章： 联系电话： 年 月 日	

CCBA （白联：海关留存，黄联：委托方留存，红联：委托方留存） 中国报关协会监制

单证 18-17

________海关进口增值税专用缴款书

收入系统：　　　填发日期：2013 年 6 月 1 日　　　　　号码 No：

收款单位	收入机关			缴款单位（人）	名　称	佳比电子（广州）有限公司
	科　目		预算级次		账　号	
	收款国库				开户银行	

税号	货物名称	数量	单位	完税价格（¥）	税率（%）	税款金额（¥）
9031499090	自动光学检测仪（有记录装置）	1	台	60709.30	17%	
9031499090	自动光学检测仪（有记录装置）	1	台	60709.30	17%	
金额人民币（大写）					合计（¥）	

申请单位编号		报关单编号		填制单位	收款国库（银行）
合同（批文）号		运输工具（号）			
缴款期限	年　月　日	提/装货单号		制单人____ 复核人____	
备注					

从填发缴款书之日起限15日内缴纳（期末遇法定节假日顺延），逾期按日征收税款总额万分之五的滞纳金。

单证 18-18

________海关进口增值税专用缴款书

收入系统： 填发日期：2013 年 6 月 1 日 号码 No：

收款单位	收入机关			缴款单位（人）	名 称	佳比电子（广州）有限公司
	科 目		预算级次		账 号	
	收款国库				开户银行	

税号	货物名称	数量	单位	完税价格（￥）	税率（%）	税款金额（￥）
9031499090	自动光学检测仪（有记录装置）	1	台	60709. 30	17%	
9031499090	自动光学检测仪（有记录装置）	1	台	60709. 30	17%	
金额人民币（大写）					合计（￥）	

申请单位编号		报关单编号		填制单位 制单人____ 复核人____	收款国库（银行） 中国银行广州分行 收讫章
合同（批文）号		运输工具（号）			
缴款期限	年 月 日	提/装货单号			
备注	中华人民共和国广州海关 验讫章				

从填发缴款书之日起限 15 日内缴纳（期末遇法定节假日顺延），逾期按日征收税款总额万分之五的滞纳金。

单证 18-19

中华人民共和国出入境检验检疫
入境货物通关单

442100113005411T

编号：442100113042128000

1. 收货人 佳比电子（广州）有限公司			5. 标记及号码 N/M
2. 发货人 佳比中国有限公司 * * *			
3. 合同/提（运）单号 JBEI304791/SK1303237	4. 输出国家或地区 中国香港		
6. 运输工具名称及号码 东运 027 520201303200	7. 目的地 广东省广州市		8. 集装箱规格及数量 海运 20 尺普通 1 个
9. 货物名称及规格 自动光学检测仪（有记录装置） 自动光学检测仪（有记录装置） （以下空白）	10. H. S. 编码 9031499090 * * * 9031499090 * * * （以下空白）	11. 申报总值 *60709. 3 美元 * * * *60709. 3 美元 * * * （以下空白）	12. 数/重量、包装数量及种类 *1 台 *1 其他 *1 台 *1 其他 （以下空白）
13. 证明 上述货物业已报检/申报，请海关予以放行。 （印章：广东出入境检验检疫局 验讫章） 签字：　　日期：2013 年 03 月 25 日			
14. 备注 辅助包装：植物性铺垫材料 *1； 旧机电设备已备案 * * *			

任务十九　贴片固定电阻器项目

一、赛题说明

某公司拟将其进料加工生产的贴片固定电阻器给另外一家企业，供其生产出口产品。

请选手根据业务背景及资料为这两家企业进行天津海关和东莞海关的现场备案作业。选手完成相关作业后，将相关单证交予委托企业。

二、随附单证

本任务的随附单证见单证 19-1 至单证 19-4。

三、裁判单据

本任务的裁判单据见单证 19-5 至单证 19-9。

单证 19-1

中华人民共和国海关加工贸易保税货物/出口加工区货物深加工结转申请表

申报表编号：X1500012345　申报表有限期：　　电子口岸统一编号：000000000001234567　打印日期：2015-11-25

转出地申报						转入地申报					
转出企业	高新电机（天津）有限公司	主管海关	天津海关	转出地		转入企业	大山（东莞）数码打印机有限公司	主管海关	东莞海关	目的地	东莞开发区
转出企业内部编号	20151223002	转出批准证编号		人工审批		转入企业内部编号	HSF-1234	转入批准证编号		人工审批	
转出企业法人/联系电话		转出申报企业		高新电机（天津）有限公司		转处企业法人/联系电话		转入申报企业		大山（东莞）数码打印机有限公司	
申报日期	2015-12-01	备案日期				申报日期	2015-12-05	备案日期			
申报表类型	深加工结转	企业合同号		2015/02							

结转出口货物情况

序号	商品项号	商品编码	商品名称	规格型号	计量单位	数量	法定单位	法定数量	转出手册号
1	13	85332110.00	片式电阻		千个	1329			E02033000020

结转进口货物情况

序号	商品项号	商品编码	商品名称	规格型号	计量单位	数量	法定单位	法定数量	转出序号	转入手册号
1	15	85332110.00	片式电阻		千个	1329				E42044000015
转出地海关批准				转入地海关批准						

说明：转出企业申报完成，转入地企业进行录入、发单、海关审批。

注：输入申报地海关（0203），用电子口岸统一编号从 QP 系统调出。输入转入企业内部编号、转入地海关、转入手册/账册号、商品项号、申报数量、法定数量、转出序号。

单证 19-2

中华人民共和国海关加工贸易保税货物/出口加工区货物深加工结转申请表

申报表编号：X1500012345 申报表有限期： 电子口岸统一编号：0000000000001234567 打印日期：2015-11-25

转出地申报						转入地申报					
转出企业	高新电机（天津）有限公司	主管海关	天津海关	转出地		转入企业	大山（东莞）数码打印机有限公司	主管海关	东莞海关	目的地	东莞开发区
转出企业内部编号	20151223002	转出批准证编号		人工审批		转入企业内部编号	HSF-1234	转入批准证编号		人工审批	
转出企业法人/联系电话		转出申报企业		高新电机（天津）有限公司		转处企业法人/联系电话		转入申报企业		大山（东莞）数码打印机有限公司	
申报日期	2015-12-01	备案日期				申报日期	2015-12-05	备案日期			
申报表类型	深加工结转	企业合同号		2015/02							

结转出口货物情况

序号	商品项号	商品编码	商品名称	规格型号	计量单位	数量	法定单位	法定数量	转出手册号
1	13	85332110.00	片式电阻		千个	1329			E02033000020

结转进口货物情况

序号	商品项号	商品编码	商品名称	规格型号	计量单位	数量	法定单位	法定数量	转出序号	转入手册号
1	15	85332110.00	片式电阻		千个	1329				E42044000015
转出地海关批准			转入地海关批准							

说明：转出企业申报完成，转入地企业进行录入、发单、海关审批。

注：输入申报地海关（0203），用电子口岸统一编号从 QP 系统调出。输入转入企业内部编号、转入地海关、转入手册/账册号、商品项号、申报数量、法定数量、转出序号。

单证 19-3

中华人民共和国海关加工贸易保税货物/出口加工区货物深加工结转申请表

申报表编号：X1500012345　申报表有限期：　　　电子口岸统一编号：000000000001234567　打印日期：2015-11-25

<table>
<tr><td colspan="6">转出地申报</td><td colspan="6">转入地申报</td></tr>
<tr><td>转出企业</td><td>高新电机（天津）有限公司</td><td>主管海关</td><td>天津海关</td><td>转出地</td><td></td><td>转入企业</td><td>大山（东莞）数码打印机有限公司</td><td>主管海关</td><td>东莞海关</td><td>目的地</td><td>东莞开发区</td></tr>
<tr><td>转出企业内部编号</td><td>20151223002</td><td colspan="2">转出批准证编号</td><td colspan="2">人工审批</td><td>转入企业内部编号</td><td>HSF-1234</td><td colspan="2">转入批准证编号</td><td colspan="2">人工审批</td></tr>
<tr><td>转出企业法人/联系电话</td><td></td><td colspan="2">转出申报企业</td><td colspan="2">高新电机（天津）有限公司</td><td>转处企业法人/联系电话</td><td></td><td colspan="2">转入申报企业</td><td colspan="2">大山（东莞）数码打印机有限公司</td></tr>
<tr><td>申报日期</td><td>2015-12-01</td><td colspan="2">备案日期</td><td colspan="2"></td><td>申报日期</td><td>2015-12-05</td><td colspan="2">备案日期</td><td colspan="2"></td></tr>
<tr><td>申报表类型</td><td>深加工结转</td><td colspan="2">企业合同号</td><td colspan="2">2015/02</td><td></td><td></td><td colspan="2"></td><td colspan="2"></td></tr>
</table>

<table>
<tr><td colspan="10">结转出口货物情况</td></tr>
<tr><td>序号</td><td>商品项号</td><td>商品编码</td><td>商品名称</td><td>规格型号</td><td>计量单位</td><td>数量</td><td>法定单位</td><td>法定数量</td><td>转出手册号</td></tr>
<tr><td>1</td><td>13</td><td>85332110.00</td><td>片式电阻</td><td></td><td>千个</td><td>1329</td><td></td><td></td><td>E02033000020</td></tr>
</table>

<table>
<tr><td colspan="11">结转进口货物情况</td></tr>
<tr><td>序号</td><td>商品项号</td><td>商品编码</td><td>商品名称</td><td>规格型号</td><td>计量单位</td><td>数量</td><td>法定单位</td><td>法定数量</td><td>转出序号</td><td>转入手册号</td></tr>
<tr><td>1</td><td>15</td><td>85332110.00</td><td>片式电阻</td><td></td><td>千个</td><td>1329</td><td></td><td></td><td></td><td>E42044000015</td></tr>
<tr><td colspan="4">转出地海关批准</td><td colspan="7">转入地海关批准</td></tr>
</table>

说明：转出企业申报完成，转入地企业进行录入、发单、海关审批。

注：输入申报地海关（0203），用电子口岸统一编号从 QP 系统调出。输入转入企业内部编号、转入地海关、转入手册/账册号、商品项号、申报数量、法定数量、转出序号。

单证 19-4

中华人民共和国海关加工贸易保税货物/出口加工区货物深加工结转申请表

申报表编号：X1500012345　申报表有限期：　　电子口岸统一编号：00000000001234567　打印日期：2015-11-25

转出地申报						转入地申报					
转出企业	高新电机（天津）有限公司	主管海关	天津海关	转出地		转入企业	大山（东莞）数码打印机有限公司	主管海关	东莞海关	目的地	东莞开发区
转出企业内部编号	20151223002	转出批准证编号		人工审批		转入企业内部编号	HSF-1234	转入批准证编号		人工审批	
转出企业法人/联系电话		转出申报企业		高新电机（天津）有限公司		转处企业法人/联系电话		转入申报企业		大山（东莞）数码打印机有限公司	
申报日期	2015-12-01	备案日期				申报日期	2015-12-05	备案日期			
申报表类型	深加工结转	企业合同号		2015/02							

结转出口货物情况

序号	商品项号	商品编码	商品名称	规格型号	计量单位	数量	法定单位	法定数量	转出手册号
1	13	85332110.00	片式电阻		千个	1329			E02033000020

结转进口货物情况

序号	商品项号	商品编码	商品名称	规格型号	计量单位	数量	法定单位	法定数量	转出序号	转入手册号
1	15	85332110.00	片式电阻		千个	1329				E42044000015

转出地海关批准	转入地海关批准

说明：转出企业申报完成，转入地企业进行录入、发单、海关审批。

注：输入申报地海关（0203），用电子口岸统一编号从 QP 系统调出。输入转入企业内部编号、转入地海关、转入手册/账册号、商品项号、申报数量、法定数量、转出序号。

单证 19-5

中华人民共和国海关加工贸易保税货物/出口加工区货物深加工结转申请表

申报表编号：X1500012345　申报表有限期：　　电子口岸统一编号：000000000001234567　打印日期：2015-11-25

转出地申报						转入地申报					
转出企业	高新电机（天津）有限公司	主管海关	天津海关	转出地		转入企业	大山（东莞）数码打印机有限公司	主管海关	东莞海关	目的地	东莞开发区
转出企业内部编号	20151223002	转出批准证编号		人工审批		转入企业内部编号	HSF-1234	转入批准证编号		人工审批	
转出企业法人/联系电话		转出申报企业		高新电机（天津）有限公司		转处企业法人/联系电话		转入申报企业		大山（东莞）数码打印机有限公司	
申报日期	2015-12-01	备案日期				申报日期	2015-12-05	备案日期			
申报表类型	深加工结转	企业合同号		2015/02							

结转出口货物情况

序号	商品项号	商品编码	商品名称	规格型号	计量单位	数量	法定单位	法定数量	转出手册号
1	13	85332110.00	片式电阻		千个	1329			E02033000020

结转进口货物情况

序号	商品项号	商品编码	商品名称	规格型号	计量单位	数量	法定单位	法定数量	转出序号	转入手册号
1	15	85332110.00	片式电阻		千个	1329				E42044000015

转出地海关批准	转入地海关批准

说明：转出企业申报完成，转入地企业进行录入、发单、海关审批。

注：输入申报地海关（0203），用电子口岸统一编号从 QP 系统调出。输入转入企业内部编号、转入地海关、转入手册/账册号、商品项号、申报数量、法定数量、转出序号。

单证 19-6

中华人民共和国海关加工贸易保税货物/出口加工区货物深加工结转申请表

申报表编号：X1500012345　申报表有限期：　　电子口岸统一编号：000000000001234567　打印日期：2015-11-25

转出地申报						转入地申报					
转出企业	高新电机（天津）有限公司	主管海关	天津海关	转出地		转入企业	大山（东莞）数码打印机有限公司	主管海关	东莞海关	目的地	东莞开发区
转出企业内部编号	20151223002	转出批准证编号		人工审批		转入企业内部编号	HSF-1234	转入批准证编号		人工审批	
转出企业法人/联系电话		转出申报企业		高新电机（天津）有限公司		转处企业法人/联系电话		转入申报企业		大山（东莞）数码打印机有限公司	
申报日期	2015-12-01	备案日期				申报日期	2015-12-05	备案日期			
申报表类型	深加工结转	企业合同号		2015/02							

结转出口货物情况

序号	商品项号	商品编码	商品名称	规格型号	计量单位	数量	法定单位	法定数量	转出手册号
1	13	85332110.00	片式电阻		千个	1329			E02033000020

结转进口货物情况

序号	商品项号	商品编码	商品名称	规格型号	计量单位	数量	法定单位	法定数量	转出序号	转入手册号
1	15	85332110.00	片式电阻		千个	1329				E42044000015

转出地海关批准	转入地海关批准

说明：转出企业申报完成，转入地企业进行录入、发单、海关审批。

注：输入申报地海关（0203），用电子口岸统一编号从 QP 系统调出。输入转入企业内部编号、转入地海关、转入手册/账册号、商品项号、申报数量、法定数量、转出序号。

单证 19-7

中华人民共和国海关加工贸易保税货物/出口加工区货物深加工结转申请表

申报表编号：X1500012345　申报表有限期：　　电子口岸统一编号：0000000000001234567　打印日期：2015-11-25

转出地申报						转入地申报					
转出企业	高新电机（天津）有限公司	主管海关	天津海关	转出地		转入企业	大山（东莞）数码打印机有限公司	主管海关	东莞海关	目的地	东莞开发区
转出企业内部编号	20151223002	转出批准证编号		人工审批		转入企业内部编号	HSF-1234	转入批准证编号		人工审批	
转出企业法人/联系电话		转出申报企业		高新电机（天津）有限公司		转处企业法人/联系电话		转入申报企业		大山（东莞）数码打印机有限公司	
申报日期	2015-12-01	备案日期				申报日期	2015-12-05	备案日期			
申报表类型	深加工结转	企业合同号		2015/02							

结转出口货物情况

序号	商品项号	商品编码	商品名称	规格型号	计量单位	数量	法定单位	法定数量	转出手册号
1	13	85332110. 00	片式电阻		千个	1329			E02033000020

结转进口货物情况

序号	商品项号	商品编码	商品名称	规格型号	计量单位	数量	法定单位	法定数量	转出序号	转入手册号
1	15	85332110. 00	片式电阻		千个	1329				E42044000015

转出地海关批准	转入地海关批准

说明：转出企业申报完成，转入地企业进行录入、发单、海关审批。

注：输入申报地海关（0203），用电子口岸统一编号从 QP 系统调出。输入转入企业内部编号、转入地海关、转入手册/账册号、商品项号、申报数量、法定数量、转出序号。

单证 19-8

中华人民共和国海关加工贸易保税货物/出口加工区货物深加工结转申请表

申报表编号：X1500012345　申报表有限期：　　电子口岸统一编号：000000000001234567　打印日期：2015-11-25

转出地申报						转入地申报					
转出企业	高新电机（天津）有限公司	主管海关	天津海关	转出地		转入企业	大山（东莞）数码打印机有限公司	主管海关	东莞海关	目的地	东莞开发区
转出企业内部编号	20151223002	转出批准证编号		人工审批		转入企业内部编号	HSF-1234	转入批准证编号		人工审批	
转出企业法人/联系电话		转出申报企业		高新电机（天津）有限公司		转处企业法人/联系电话		转入申报企业		大山（东莞）数码打印机有限公司	
申报日期	2015-12-01	备案日期				申报日期	2015-12-05	备案日期			
申报表类型	深加工结转	企业合同号		2015/02							

结转出口货物情况

序号	商品项号	商品编码	商品名称	规格型号	计量单位	数量	法定单位	法定数量	转出手册号
1	13	85332110.00	片式电阻		千个	1329			E02033000020

结转进口货物情况

序号	商品项号	商品编码	商品名称	规格型号	计量单位	数量	法定单位	法定数量	转出序号	转入手册号
1	15	85332110.00	片式电阻		千个	1329				E42044000015

转出地海关批准	转入地海关批准

说明：转出企业申报完成，转入地企业进行录入、发单、海关审批。

注：输入申报地海关（0203），用电子口岸统一编号从 QP 系统调出。输入转入企业内部编号、转入地海关、转入手册/账册号、商品项号、申报数量、法定数量、转出序号。

单证 19–9

中华人民共和国海关加工贸易保税货物/出口加工区货物深加工结转申请表

申报表编号：X1500012345　申报表有限期：　　电子口岸统一编号：000000000001234567　打印日期：2015-11-25

转出地申报						转入地申报					
转出企业	高新电机（天津）有限公司	主管海关	天津海关	转出地		转入企业	大山（东莞）数码打印机有限公司	主管海关	东莞海关	目的地	东莞开发区
转出企业内部编号	20151223002	转出批准证编号		人工审批		转入企业内部编号	HSF-1234	转入批准证编号		人工审批	
转出企业法人/联系电话		转出申报企业		高新电机（天津）有限公司		转处企业法人/联系电话		转入申报企业		大山（东莞）数码打印机有限公司	
申报日期	2015-12-01	备案日期				申报日期	2015-12-05	备案日期			
申报表类型	深加工结转	企业合同号		2015/02							

结转出口货物情况

序号	商品项号	商品编码	商品名称	规格型号	计量单位	数量	法定单位	法定数量	转出手册号
1	13	85332110.00	片式电阻		千个	1329			E02033000020

结转进口货物情况

序号	商品项号	商品编码	商品名称	规格型号	计量单位	数量	法定单位	法定数量	转出序号	转入手册号
1	15	85332110.00	片式电阻		千个	1329				E42044000015

转出地海关批准	转入地海关批准

说明：转出企业申报完成，转入地企业进行录入、发单、海关审批。

注：输入申报地海关（0203），用电子口岸统一编号从 QP 系统调出。输入转入企业内部编号、转入地海关、转入手册/账册号、商品项号、申报数量、法定数量、转出序号。